STÉNOGRAPHIE

DUPLOYÉ

VINGT-CINQUIÈME ÉDITION

LA MÉDAILLE D'OR

AUX EXPOSITIONS UNIVERSELLES ET INTERNATIONALES

DE PARIS 1878, 1889 ET 1900,
DE SAINT-LOUIS 1904, DE LIÈGE 1905, ETC.

« La Sténographie Duployé sera l'écriture populaire et universelle du XXe siècle. »
VICTOR HUGO

FRANCO : 3 FRANCS

Émile DUPLOYÉ, à SINCENY (Aisne)
OU BIEN
Gustave DUPLOYÉ, 36, rue de Rivoli, PARIS

STÉNOGRAPHIE

DUPLOYÉ

VINGT-CINQUIÈME ÉDITION

LA MÉDAILLE D'OR

AUX EXPOSITIONS UNIVERSELLES ET INTERNATIONALES
DE PARIS 1878, 1889 ET 1900,
DE SAINT-LOUIS 1904, DE LIÈGE 1905, ETC.

« La Sténographie Duployé sera l'écriture populaire et universelle du xxe siècle. »
VICTOR HUGO

FRANCO : 3 FRANCS

Émile DUPLOYÉ, à SINCENY (Aisne)
OU BIEN
Gustave **DUPLOYÉ, 36, rue de Rivoli, PARIS**

STÉNOGRAPHIE DUPLOYÉ

STÉNOGRAPHIE DUPLOYÉ

N'écrire que les sons

Un seul signe pour chaque son. — Toujours le même signe pour le même son.

I — SIGNES

A — CONSONNES

Pe Be Te De Fe Ve Ke Gue Le Re Me Ne Gne Je Che Se Ze

B. — VOYELLES

A O Ou É È I Eu U An On In Un

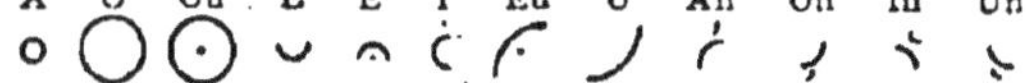

Ou isolé et au commencement des lignes courbes initiales, et à la fin des lignes courbes finales s'écrit : , Oi se prononçant *oa*, s'écrit avec *o* et *a* :
LL *mouillées* se prononçant *i* ou *ii* s'écrivent comme *i* ou *ii* : .

II. — VALEUR DES SIGNES

A. — Chaque signe donne à lui tout seul un son complet

veut dire *eau* ou bien *haut*, ou bien *ot*, etc. : veut dire *fe*, ou bien *phe*, etc.

B. — Le même signe donne toujours le même son

pOtEAU se lira *pOtO* ; AvoIr se lira AvoAr ; CasQUE se lira KasK

III. — TRACÉ DES SIGNES

A. — Les consonnes sont fixes

(c'est-à-dire se tracent toujours dans la position donnée par l'alphabet.)

Elles s'écrivent *en avançant* ou *en descendant*

de s'écrira toujours ainsi : ; *je*, toujours ainsi : ; *me*, ainsi : etc.

Seules L et R s'écrivent *en montant* :

robe ; *latte* ; *rose* ; *dard* ; *char* ; *bord*

B. — Les voyelles sont mobiles

(c.-à-d. peuvent se tourner dans tous les sens), et cela pour permettre d'écrire SANS ANGLE *toujours* chaque syllabe et *souvent* le mot entier. — Eviter les angles le plus possible.

verre s'écrira et non pas ; *digue* s'écrira et non pas

Cependant dans les mots composés uniquement de voyelles la *première* prend la position indiquée par l'alphabet : *ayant* ; *yeux* .

Et dans les mots formés d'une seule voyelle, cette voyelle unique garde la position indiquée par l'alphabet et sans y joindre de point ou d'accent :

et , *est* , *y* , *eux* , *hue* , *en* , *on* , *hein* , *un*

Ecrire chaque mot sans lever la plume. Dans les 3/4 de grand cercle, les 2 premiers 1/4 donnent la consonne : *jeu* . Les mots comme *dedans* emploient la sécante ; mais l et r se suivant prennent une inclinaison différente : *Arles*

DIRECTION A DONNER DE PRÉFÉRENCE AUX SIGNES VOYELLES

qui, étant *mobiles*, peuvent se tourner, même sans occasionner d'angle, dans différentes positions. — *(L'observation de cette règle dispense de l'emploi des points et accents.)* — C'est le commencement du signe qui prend la position prescrite.

RÈGLE UNIQUE. — Lorsque cela n'ajoute pas d'angle, écrire

ou, oa, i, u, an, in *en montant* ou *en avançant*

a, o, é, è, eu, on, un *en descendant* ou *en reculant*

outil ; *ôté* ; *idée* ; *édit* ; *Italie* ; *étale* .

Le cercle *initial* ou *final* se met à l'intérieur des lignes courbes : *usant* .

Entre deux consonnes formant angle, les cercles simples a, o, ou se placent à l'EXTÉRIEUR DE L'ANGLE : *poule* ; *sauf* . et le cercle double oa se place à l'INTÉRIEUR : *coiffe* . *soif* .

Ce tableau résume les règles officielles de la Sténographie-Duployé.

STÉNOGRAPHIE

DUPLOYÉ

ÉCRITURE PLUS FACILE, PLUS RAPIDE ET PLUS LISIBLE

QUE TOUTE AUTRE

S'APPLIQUANT A TOUTES LES LANGUES

S'APPREND SANS MAITRE EN DEUX HEURES

PAR

Les Frères Duployé

Abréger le travail, c'est prolonger la vie.
Conen de Prépéan.

VINGT-CINQUIÈME ÉDITION
(Tirage de l'Édition : 3.300 exemplaires)

Franco : 3 Francs

ÉMILE DUPLOYÉ, à SINCENY (Aisne)

OU BIEN

GUSTAVE DUPLOYÉ, 36, rue de Rivoli, PARIS

SERVICE STÉNOGRAPHIQUE OFFICIEL

Du Sénat et de la Chambre des Députés

Primitivement, toutes les places étaient occupées par M. Hippolyte Prévost et ses élèves. Des concours furent réclamés, et voici les résultats qui, peu à peu, à la suite des décès ou des départs, se sont déjà produits.

ANNÉES	NOMBRE de PLACES.	SYSTÈMES		
		Prévost, Prévost-Delaunay et dérivés.	Prépéan, Aimé-Paris, Guénin.	Duployé (Système le plus récent).
1886	45	38	5	2
1901	44	34	6	4
1906	47	31	8	8

Toutes les personnes qui sont bien au courant des choses sténographiques savent que, régulièrement, le nombre des Duployens en exercice devrait être actuellement de 10, au lieu de 8. Quoi qu'il en soit, même en ne raisonnant que d'après le chiffre de 8, il y a toujours eu progression et progression dans des proportions tout à fait remarquables et encourageantes pour la Sténographie Duployé.

LES CONTREFACTEURS SERONT POURSUIVIS

MM. de CALLENSTEIN et de BELLANOY, acquéreurs de mon ancien journal *Le Sténographe*, prétendaient avoir le droit de publier une Méthode de Sténographie Duployé, et cela parce qu'ils m'avaient acheté un journal qui, étant écrit en Sténographie Duployé, ne pouvait être lu que par des personnes connaissant ce genre d'écriture.

Le Tribunal de Commerce de la Seine, par jugement contradictoire en date du 25 avril 1881, confirmé depuis en appel, leur a dénié ce droit et leur a interdit de publier aucune méthode de Sténographie Duployé.

PRÉFACE

La sténographie était, jadis, regardée comme une affaire de métier, de profession ; on ne croyait pas que cet art pût être utile à tous, accessible à tous.

Ce qui donnait lieu et raison à ces préjugés, c'est que les anciens systèmes de sténographie étaient difficiles à apprendre et que, de plus, ils ne procuraient qu'une écriture excessivement pénible à déchiffrer.

La sténographie Duployé, tout en donnant une écriture plus rapide que n'importe quel autre système de sténographie, une écriture plus lisible que l'écriture ordinaire, est arrivée à formuler en quelques mots les principes de cet art et à les mettre à la portée de toutes les bonnes volontés.

Les adeptes de la sténographie Duployé se comptent actuellement par centaines de mille; et plusieurs occupent, dans les services officiels (1) ou autres, notamment en France, en Belgique, en Suisse, en Roumanie, au Luxembourg, au Canada, des places dont ils remplissent les fonctions avec honneur et profit. Grand nombre de jeunes gens, de dames et de demoiselles lui doivent d'avoir pu entrer, dans les plus importantes maisons de commerce et d'industrie, comme sténographes commerciaux.

Faut-il dire que la sténographie Duployé a obtenu, dans toutes les Expositions universelles ou régionales où elle a figuré, les plus hautes récompenses ? Seule médaille d'or à l'Exposition universelle et internationale de Paris 1878, seul Diplôme d'honneur pour toute la Classe de l'Enseignement à l'Exposition de Paris 1879, seule Médaille d'or à l'Exposition universelle de 1889 ; encore la Médaille d'or à l'Exposition universelle et internationale de Paris 1900 ; la seule Médaille d'or décernée à la sténographie pour tout l'univers à l'Exposition de Saint-Louis 1904, la Médaille d'or à Liège 1905, etc.

Faut-il ajouter que la sténographie Duployé, ayant trouvé la France à la queue de toutes les autres nations sous le rapport sténographique, l'a déjà placée au

(1) Voir le tableau ci-contre.

deuxième rang et ne tardera pas à la mettre au premier ?

Faut-il faire remarquer que SEULE, parmi les sténographies publiées en France, elle possède une vraie *Bibliothèque sténographique* (300 volumes imprimés en sténographie !), un *Dictionnaire complet* français et sténographique donnant non seulement *l'orthographe* ordinaire et sténographique, mais de plus *la prononciation* régulière de tous les mots français, des *Journaux* imprimés en sténographie, des *Adaptations* aux langues étrangères, des traités pour apprendre sans maître la prononciation de ces langues, un *Atlas* de cartes géographiques avec noms en sténographie, de très nombreux *Cours de Dictées* en sténographie pour remplacer la dictée ordinaire dans les écoles ?

Bienveillant lecteur, qui prenez ce livre en mains, ouvrez-le avec confiance, suivez fidèlement les règles qu'il formule, conformez-vous à ses indications et vous aussi vous participerez aux grands avantages que la sténographie Duployé procure nécessairement à tous ceux qui l'étudient et la pratiquent sérieusement.

EMILE DUPLOYÉ, fondateur de la bibliothèque et des journaux sténographiques en France, fondateur et président de l'*Académie sténographique* et de l'*Institut sténographique des Deux-Mondes*, jadis à Paris, actuellement à Sinceny (Aisne).

ALDORIC DUPLOYÉ, chanoine honoraire, curé doyen de Craonne (Aisne).

JULES DUPLOYÉ, à Paris.

GUSTAVE DUPLOYÉ, ancien sténographe du Sénat, ancien sténographe en chef du Parlement d'Alsace-Lorraine (section française), sténographe des Sociétés de Suez, d'Acclimatation, etc., 36, rue de Rivoli, à Paris.

NOTIONS PRÉLIMINAIRES

L'ancienne écriture ne peut jamais suivre la parole; elle ne peut fixer, sur le papier, qu'avec une lenteur extrême, la pensée qu'on veut lui confier, et cela à cause des trois raisons suivantes :

1° Elle emploie très souvent, pour rendre *un seul* son, *plusieurs* lettres au lieu d'une seule. Ainsi, le son *é* que l'on pourrait habituellement, sans inconvénient pour l'intelligence de la phrase, écrire avec la seule lettre *é* (jé émé) sera presque toujours figuré par deux, trois, quatre et même cinq lettres; *eh. ez. et. és. aie. ait. aies. haie. haies. aient*, etc.

2° Elle représente les différents *sons* de la langue par des *signes* compliqués qu'il est impossible d'écrire rapidement. Ainsi, dans l'ancien alphabet, il n'est pas une seule lettre qui n'exige plus d'un trait de plume :

Lettres anciennes.	*a*	*b*	*c*	*d*	*e*	*f*	*g*	etc.
Nombre de traits de plume . .	2 ½	3	1 ½	2 ½	1 ½	4	3	

3° Ces lettres, si longues déjà à tracer, ne peuvent presque jamais former des mots entiers, qu'en nécessitant des *levées de plume* qui ralentissent encore le mouvement de la main : ainsi, il faudra toujours lever la plume pour mettre les points sur les *i* (soit dit sans calembourg); les accents sur les *é* et les *è*; les barres au sommet des t, etc., etc...

Afin d'obtenir une écriture plus rapide il faut donc :

1° Rejeter toutes les lettres qui ne sont pas indispensables pour l'intelligence claire et complète de l'écriture ;

2° Remplacer les signes ou lettres de l'ancien alphabet par des signes plus simples et plus rapides à tracer ;

3° Faire en sorte que les signes adoptés puissent former des mots entiers sans qu'on ait besoin de lever la plume.

Dans une première partie, nous déterminerons quelles lettres nous pouvons rejeter sans inconvénient, et, par conséquent aussi, quelles lettres nous devrons conserver pour figurer tous les sons de notre langue ;

Dans une deuxième, nous indiquerons les signes simples et faciles à tracer, les signes *sténographiques* que nous substituons aux lettres conservées ;

Dans une troisième, nous dirons la manière d'unir ensemble ces signes sténographiques, de façon à ce que chaque mot soit réduit à un simple monogramme : ce qui donnera une écriture beaucoup plus rapide que l'ancienne écriture, une écriture pouvant suivre la parole.

PREMIÈRE PARTIE

SUPPRESSION

DES LETTRES INUTILES

à l'intelligence de l'Écriture

LA STÉNOGRAPHIE DUPLOYÉ N'ÉCRIT QUE LES SONS PRODUITS PAR LA PAROLE, SANS ÉGARD AUX RÈGLES ET USAGES DE L'ANCIENNE ORTHOGRAPHE.

Ainsi, elle écrit les mots suivants : *eau*, *eaux*, *ho*, *oh*, *au*, *aux*, *haut*, *aulx*, avec le signe qui est assigné pour la voyelle *o*, puisque tous ces mots, si différents dans l'orthographe ordinaire, ne font réellement entendre, dans la prononciation, que le son *o;* elle écrit *mère* et *maire* avec les mêmes signes que le mot *mer; part* comme *par ; coup*, *coût* comme *cou*, etc.

OR, LA LANGUE FRANÇAISE N'EST COMPOSÉE QUE DE VINGT-HUIT SONS DIFFÉRENTS ET, PAR SUITE, LA STÉNOGRAPHIE DUPLOYÉ N'EMPLOIERA QUE VINGT-HUIT SIGNES DIFFÉRENTS.

(Que ce nombre de vingt-huit signes n'épouvante pas; on verra, tout à l'heure, que, grâce à leur groupement méthodique, il suffit d'une dizaine de minutes pour les retenir).

ARTICLE 1er.

1° LA LANGUE FRANÇAISE EST COMPOSÉE DE VINGT-HUIT SONS DIFFÉRENTS.

Les voici :

Onze voyelles : *a*, *o*, *ou*, | *é*, *i*, | *eu*, *u*, | *an*, *on*, *in*, *un* ;

Dix-sept consonnes : *pe*, *be*, | *te*, *de*, | *fe*, *ve*, | *ke*, *gue*, | *le*, *re*, | *me*, | *ne*, *gne*, | *je*, *che*, | *se*, *ze*.

2° IL N'Y A QUE VINGT-HUIT SONS DANS LA LANGUE FRANÇAISE.

Nous rejetons, en effet, les sept lettres suivantes comme inutiles : *e*, *h*, *c*, *q*, *x*, *y*, *w*.

L'**E** *muet* et la lettre **H**, ne se prononçant jamais en français, n'ont aucune raison de figurer dans notre alphabet sténographique français.

Quant aux cinq autres lettres : *c*, *q*, *x*, *y*, *w*, leur *son* est déjà donné par quelqu'une des lettres que nous avons conservées :

C n'a pas de *son* qui lui soit propre : devant une *consonne*, devant *a*, *o*, *u*, et quelquefois devant *h*, il se prononce tout à fait comme *ke*. Exemple : creuset, *k*reuset ; clé, *k*lé ; canard, *k*anard ; colère, *k*olère ; culture, *k*ulture ; choriste, *k*oriste. Il doit donc, dans ces différents cas, s'écrire avec le signe sténographique du *ke* ;

Devant *e*, *é*, *i* et *y*, il se prononce toujours comme *se*. Exemple : ceci, *s*e*s*i ; célèbre, *s*élèbre ; citadin, *s*itadin ; cygne, *s*ygne ; il prend donc alors le signe sténographique de *se* ;

Devant *h* suivi d'une voyelle, il a presque toujours un son tout spécial indiqué dans les vingt-huit sons conservés : *ch*at, *ch*emin, *ch*érubin, *ch*imie, *ch*oc, et auquel nous assignons un signe sténographique spécial.

Q a toujours le son de *ke*, il lui emprunte donc son signe sténographique.

X ne donne pas un son simple, mais un son double, formé par les deux sons, *ke*, *se*, ou bien par les deux sons *gue*, *ze*. Exemple : fi*x*e, fi*k*se ; a*x*e, a*k*se ; e*x*orde, e*g*zorde ; e*x*empt, e*g*zempt ; il s'écrit donc, d'après sa prononciation, tantôt avec les deux signes sténographiques représentant *ke*, *se*, et tantôt avec les signes représentant *gue*, *ze*. Dans les quelques mots où *x* se prononce comme *s* ou *z* : di*x*, di*s*; Bru*x*elles, Bru*s*elles; Ai*x* en Provence, ai*s*; di*x*-huit, di*z*-huit, il s'écrit par le signe de *s* ou celui de *z*.

Y se prononce toujours comme *i* et, par conséquent, s'écrit de même.

W se prononce généralement comme *v* simple. Exemple : *w*agon, *v*agon ; il en prend ordinairement le signe sténographique. Quand il se prononce comme *u* : *w*isky, *u*isky ; il s'écrit avec le signe sténographique de la lettre *u* : et, avec le signe de *ou*, lorsqu'il se prononce comme *ou* : *w*arrant, *ou*arrant.

Nota. — 1° ILL ou LL *mouillées* ont une prononciation, qui généralement se rapproche beaucoup de celle d'un ou de plusieurs *i*. Exemple : mei*ll*eur, me*i*eur ; tai*ll*e, ta*ii*e ; cette combinaison de lettres s'écrit donc sténographiquement par un, ou par plusieurs *i*. Dans la pratique, on pourra habituellement se contenter d'un seul *i*, car *i* simple a presque toujours un son *mouillé* qui le fait équivaloir à deux *i* : D*i*eu, *Dii*eu ; p*i*eu, p*ii*eu.

2° La diphtongue OI s'écrit avec les signes de *o* et de *a*, car elle se prononce réellement *oa*. Exemple : *oi*seau, *oa*seau ; gl*oi*re, gl*oa*re ; m*oi*, m*oa*.

3° OY s'écrit généralement avec les signes de *o*, de *a* et de *i*. Exemple : employé, empl*oai*é.

4° L'apostrophe ne s'écrit pas.

5° La ponctuation est la même que dans l'écriture ordinaire : le point, les deux points, etc. ; on peut cependant remplacer avantageusement ce mode de ponctuation par des espaces blancs, plus ou moins grands, laissés entre les membres de phrases, entre les phrases. Lorsqu'on sténographie un orateur il est très utile de mettre toutes les phrases *à la ligne.*

ARTICLE II.

Remarques sur chacun des vingt-huit sons de la langue française.

1° Voyelles.

1	2	3	4	5	6	7	8	9	10	11
a.	o.	ou.	é.	i.	eu.	u.	an.	on.	in.	un.

1. **A.** — Le son *a* est produit ordinairement par la lettre *a*, et quelquefois par les lettres ou combinaisons de lettres ci-après indiquées :

1	a	la.	22	e	indemnité.
2	à	là.	23	ë	poële.
3	â	âme.	24	ea	chargea.
4	ac	hamac.	25	eâ	mangeâmes.
5	ach	almanach.	26	eam	obligeamment.
6	achs	almanachs.	27	ean	Jeanne.
7	acs	tabacs.	28	eas	tu jugeas.
8	ag	Magdeleine.	29	eât	qu'il plongeât.
9	ah!	ah!	30	el	moellon.
10	ahs	schahs.	31	ël	moëlle.
11	ai	Cavaignac.	32	em	femme.
12	am	damnation.	33	en	solennel.
13	ao	paonne.	34	et	fouetter.
14	ap	baptême.	35	i	moi.
15	aps	draps.	36	î	croître.
16	ars	gars.	37	id	froid.
17	as	bas.	38	ids	poids.
18	at	chat.	39	ie	voie.
19	ât	chantât.	40	ient	croient.
20	ats	combats.	41	ies	proies.
21	âts	mâts.	42	ig	doigtier.

43	igt	doigt.	54	oua	bivouac.
44	igts	doigts.	55	y	Fontenoy.
45	is	bois.	56	ye	Millevoye.
46	it	voit.	57	yes	Troyes.
47	ît	croît.	58	ha	haïr.
48	its	toits.	59	hâ	hâbleur.
49	ix	voix.	60	han	hanneton.
50	ua	quadrille.	61	has	haschich.
51	uâ	prodiguâmes.	62	hat	tétrarchat.
52	uât	qu'il impliquât.	63	hats	exarchats.
53	uem	éloquemment.	64	hen	hennir.

On voit que l'*ancienne orthographe* est largement pourvue de difficultés, puisque, pour écrire correctement rien que le son *a*, il faut connaitre SOIXANTE-QUATRE combinaisons différentes de lettres, et savoir quand telle ou telle combinaison doit être employée de préférence à telle ou telle autre! La Sténographie Duployé n'agit pas de même : que le son *a* soit produit par l'une ou l'autre de ces combinaisons de lettres ou par la lettre *a* tout simplement, elle l'écrit TOUJOURS de même manière. Cette *nouvelle orthographe* n'est-elle pas beaucoup plus simple, plus facile, plus logique, que l'ancienne?

2. **O.** — Le son *o* est donné habituellement par la lettre *o*, et très souvent aussi par les lettres et combinaisons de lettres qui suivent :

1	ao	curaçao.	17	aw	landaw.
2	aô	Saône.	18	eau	peau.
3	aos	curaçaos.	19	eaud	rougeaud.
4	au	étau.	20	eauds	rougeauds.
5	aud	chaud.	21	eaux	cadeaux.
6	auds	marauds.	22	eo	rougeole.
7	aug	Augsbourg.	23	eô	geôlier.
8	aul	aulne.	24	o	écho.
9	auld	Foucauld.	25	ô	rôle.
10	ault	Hérault.	26	oa	toast.
11	aults	héraults.	27	oc	broc.
12	aulx	faulx.	28	ocs	accrocs.
13	aus	fausseté.	29	oh	oh !
14	aut	saut.	30	oi	oignon.
15	auts	sauts.	31	om	automne.
16	aux	chaux.	32	on	monsieur.

33	oo	Waterloo.	46	uo	quolibet.
34	op	trop.	47	uos	quiproquos.
35	ops	sirops.	48	hau	haune.
36	oqs	coqs.	49	haut	Brunehaut.
37	os	héros.	50	hauts	hauts.
38	ost	prévost.	51	heau	heaume.
39	ot	lot.	52	ho	holà !
40	ôt	dépôt.	53	hô	hôte.
41	oth	Wisigoth.	54	hom	homme.
42	oths	Goths.	55	hon	honneur.
43	ots	mots.	56	hot	cahot.
44	ôts	impôts.	57	hots	cahots.
45	u	album.	58	hu	hum !

Toutes ces lettres et différentes combinaisons de lettres s'écrivent, en orthographe sténographique, tout simplement avec le signe du son *o*, puisque toutes se prononçent *o*.

3. **OU.** — Cette voyelle (car c'est une véritable voyelle, puisqu'elle produit un son par elle-même et sans le secours d'aucune consonne) exige, pour être figurée dans l'ancienne écriture, deux lettres au moins : la lettre *o* et la lettre *u*. Cependant, on ne prononce pas *oü*, mais bien *ou :* ce qui ne donne qu'un seul son. La Sténographie Duployé représente ce son unique par un seul signe, signe spécial et particulier, et non pas par les deux signes de *o* et de *u* juxtaposés.

Le son *ou* est aussi quelquefois produit par les lettres et les combinaisons de lettres suivantes, qui doivent s'écrire avec le seul signe du son *ou :*

1	aou	saouler.	12	oucs	caoutchoucs.
2	aoul	saoul.	13	oud	coud.
3	aouls	saouls.	14	ouds	couds.
4	août	août.	15	oue	roue.
5	o	oingt.	16	ouent	louent.
6	oo	groom.	17	oues	joues.
7	ou	ou.	18	oug	joug.
8	où	où.	19	ougs	jougs.
9	oû	croûte.	20	oûl	soûl.
10	oubs	Doubs.	21	ouls	pouls.
11	ouc	caoutchouc.	22	oûls	soûls.

23	oup	coup.
24	oups	loups.
25	ous	vous.
26	out	tout.
27	oût	ragoût.
28	outs	bouts.
29	oûts	goûts.
30	oux	choux.
31	ow	clown.
32	u	Guadeloupe.
33	uc	yucca.
34	hou	houblon.
35	houe	houe.
36	houes	houes.
37	houx	houx.
38	w	warrant.
39	wh	whist.

etc., etc., etc.

La belle chose que l'ancienne orthographe !

4. **É** ou **È**. — Ce son est ordinairement représenté par les lettres *e*, *é*, *è* ou *ê*, et quelquefois par les lettre est combinaisons de lettres suivantes.

1	æ	cæcum.
2	ai	chaise.
3	aî	faîte.
4	aid	laid.
5	aids	plaids.
6	aie	monnaie.
7	aient	avaient.
8	aies	plaies.
9	ais	anglais.
10	ait	était.
11	aits	faits.
12	aix	paix.
13	aî	maître.
14	aît	paraît.
15	ay	tramway.
16	aye	essaye.
17	ayent	essayent.
18	ayes	essayes.
19	e	amer.
20	é	été.
21	è	colère.
22	ê	même.
23	ë	poëte.
24	ea	beafteak.
25	eai	geai.
26	eais	geais.
27	ec	grecque.
28	ecs	échecs.
29	ect	aspect.
30	ects	respects.
31	ed	pied.
32	eds	pieds.
33	ee	Beethoven.
34	ée	lycée.
35	éent	échéent.
36	ées	poupées.
37	ef	chef-d'œuvre.
38	efs	clefs.
39	egs	legs.
40	eh	eh !
41	ei	reine.
42	en	étrenne.
43	ën	Laënnec.
44	ep	septième.
45	ept	sept.
46	er	aimer.
47	ers	volontiers.
48	es	les.
49	ès	succès.
50	est	est.
51	et	mulet.
52	êt	prêt.

53	ets	valets.
54	êts	intérêts.
55	ey	dey.
56	eye	grasseye.
57	eyent	grasseyent.
58	eyes	grasseyes.
59	eys	beys.
60	ez	nez.
61	œ	œsophage.
62	oi	foible.
63	ois	harnois.
64	ué	guérir.
65	uê	guêtre.
66	uè	guère.
67	uer	guerre.
68	ués	gués.
69	uêt	guêt.
70	hai	haine.
71	haie	haie.
72	haies	haies.
73	hais	hais.
74	hait	hait.
75	haits	souhaits.
76	haye	La Haye.
77	he	thermes.
78	hé	thé.
79	hè	thèse.
80	hê	hêtre.
81	hée	Amalthée.
82	hées	athées.
83	hés	thés.
etc. !		

Toutes ces combinaisons de lettres se prononçant *é* ou *è* s'écrivent avec le seul signe sténographique de la lettre *é* ou *è*.

Après pareille nomenclature, dites que la langue française n'est pas riche..... en difficultés! La Sténographie Duployé les supprime TOUTES, et cela sans nuire aucunement à l'instruction proprement dite; car l'instruction consiste dans la somme des idées acquises et dans l'habilité à faire valoir ces idées pour son propre usage ou pour l'utilité de ses semblables, et nullement dans la connaissance de tel ou tel système graphique destiné à les immobiliser sur le papier.

NOTA. — Quoiqu'il existe une notable différence de son entre *é* et *è*, cependant, dans grand nombre de départements, la prononciation de ces deux sons se confond souvent dans une sorte de son moyen qui n'est ni *é* ni *è*, qui participe des deux; dans d'autres on prononce *é* lorsqu'il faudrait *è*, et *è* quand on devrait entendre *é*. L'ancienne écriture traite ces deux sons avec encore plus de sans-gêne : elle les figure souvent à l'aide d'un *e* muet : perte, exempt, qui se prononcent pèrte, éxempt; de telle sorte que le signe *e* sert à représenter TROIS sons différents! il nous sera bien permis de grouper sous le même signe les DEUX sons *é* et *è* : nous le faisons habituellement; cependant, comme la Sténographie Duployé sert non seulement de sténographie, mais encore de procédé scolaire pour uniformiser la prononciation, nous indiquerons plus tard comment nous arrivons à distinguer facilement ces deux nuances du même son.

5. **I.** — Les lettres *i* et *y* donnent habituellement le son *i*. Il en est de même, le plus souvent, des combinaisons des lettres qui suivent :

1	i	si.
2	î	gîte.
3	ï	Moïse.
4	ic	cric.
5	ics	crics.
6	ict	amict.
7	icts	amicts.
8	id	nid.
9	ids	muids.
10	ie	pie.
11	ïe	Isaïe.
12	ient	lient.
13	ies	vies.
14	ïes	haïes.
15	il	baril.
16	ill	ailleurs.
17	ils	fusils.
18	is	devis.
19	ïs	haïs.
20	ist	Jésus-Christ.
21	it	habit.
22	ît	gît.
23	ït	haït.
24	its	puits.
25	ix	prix.
26	iz	riz.
27	ui	quinine.
28	uî	naquîtes.
29	uit	naquit.
30	uît	qu'il naquît.
31	y	y.
32	yi	croyions.
33	ys	pays.
34	hi	hiver.
35	hî	trahîmes.
36	hie	envahie.
37	hies	trahies.
38	his	spahis.
39	hit	trahit.
40	hît	trahît.
41	hy	hydre.
42	il	babil.
43	ilh	gentilhomme.
44	ill	billet.
etc. !		

6. **EU**. — Comme la voyelle *ou*, la voyelle *eu* est représentée habituellement dans l'écriture ordinaire, par deux lettres, les lettres *e* et *u*. Ces deux lettres ne donnant qu'un seul son, le son *eu*, s'écrivent, en Sténographie Duployé, par un seul signe. Il en est de même des lettres et combinaisons de lettres ci-après désignées et qui ne font entendre que le son *eu* :

1	e	je.
2	es	dettes.
3	eu	peur.
4	eû	jeûne.
5	euc	Saint-Brieuc.
6	eue	queue.
7	eues	lieues.
8	euh	peuh !

9	eus	bleus.	19	œufs	œufs.
10	eut	veut.	20	œux	vœux.
11	eux	cheveux.	21	ue	orgueil.
12	ew	New-York.	22	ues	figues.
13	œ	œil.	23	ueu	longueur.
14	œi	œillet.	24	ueue	queue.
15	œu	vœu.	25	ueues	queues.
16	œud	nœud.	26	ueux	gueux.
17	œuds	nœuds.	27	heu	heure.
18	œuf	œuf dur.	28	hœu	chœur.

7. **U**. — Le son *u* est donné habituellement par la lettre *u* et quelquefois par les agglomérations de lettres suivantes :

1	eu	eurent.	20	um	nummulaire.
2	eû	eûtes.	21	un	tunnel.
3	eus	j'eus.	22	us	voulus.
4	eut	il eut.	23	ut	but.
5	eût	eût.	24	ût	fût.
6	u	lune.	25	uth	bismuth.
7	û	dû.	26	uths	bismuths.
8	ü	Esaü.	27	uts	attributs.
9	uc	buccal.	28	ûts	affûts.
10	ue	vue.	29	ux	reflux.
11	ûe	dûe.	30	hu	humeur.
12	uë	ciguë.	31	hû	hûne.
13	uent	tuent.	32	hue	hue!
14	ues	rues.	33	huent	huent.
15	uës	tu arguës.	34	hues	cohues.
16	ûes	dûes.	35	hut	bahut.
17	uës	ciguës.	36	huts	bahuts.
18	uh	uhlan.	37	w	wiskey.
19	ul	nulle.	etc. !		

Ces lettres et combinaisons de lettres ont le même signe sténographique que la lettre *u*, puisqu'elles se prononcent *u*.

8. **AN**. — Ces deux lettres *a* et *n* ne donnant, comme *eu* et *ou* qu'un son, s'écrivent avec un seul signe sténographique, et non pas avec les signes représentant séparément *a* et *n*; car on prononce *an* par une seule émission de voix, et non pas *a-ne*. Il en est de même pour les voyelles suivantes : *on*, *in* et *un*.

Les agglomérations de lettres ci-après indiquées s'écrivent, elles aussi, avec le seule signe du son *an* :

1	aen	Caen.	24	eants	plongeants.
2	æn	Lænsberg.	25	em	empire.
3	am	Adam.	26	emp	exemption.
4	amp	camp.	27	emps	temps.
5	amps	champs.	28	empt	exempt.
6	ams	quidams.	29	empts	exempts.
7	an	an.	30	en	en.
8	anc	franc.	31	end	prend.
9	ancs	blancs.	32	ends	rends.
10	and	flamand.	33	eng	hareng.
11	ands	allemands.	34	engs	harengs
12	ang	rang.	35	enh	enhardi.
13	angs	étangs.	36	ens	gens.
14	ans	sans.	37	ent	prudent.
15	ant	fondant.	38	ents	absents.
16	ants	chants.	39	ham	Alhambra.
17	anz	ranz.	40	han	hanche.
18	aon	paon.	41	hans	Leviathans.
19	aons	faons.	42	hen	appréhension.
20	e	enorgueilli.	43	uan	cinquante.
21	ean	Jean.	44	uant	piquant.
22	eans	Jeans.	45	uen	éloquente.
23	eant	obligeant.	46	uent	éloquent.

9. **ON**. — Les deux lettres *o* et *n* placées, dans la même syllabe à côté l'une de l'autre, ne donnant qu'un son : *on*, s'écrivent avec un seul signe sténographique ; il en est de même habituellement des combinaisons de lettres qui suivent :

1	aon	taon.	10	ompt	prompt.
2	aons	taons.	11	ompts	prompts.
3	eon	pigeon.	12	oms	noms.
4	eons	bourgeons.	13	on	on.
5	om	prénom.	14	onc	tronc.
6	omb	aplomb.	15	oncs	joncs.
7	ombs	plombs.	16	ond	blond.
8	omp	compter.	17	onds	fonds.
9	omps	romps.	18	ong	oblong.

19	ongs	longs.	24	un	punch.
20	ons	bons.	25	hon	honte.
21	ont	dont.	26	hum	Humbert.
22	onts	fonts.	etc.!		
23	um	umble.			

10. **IN.** — Ce que nous avons dit pour les sons *ou*, *eu*, *an* et *on* s'applique entièrement au son *in*; on l'écrit avec un seul signe comme aussi toutes les agglomérations de lettres suivantes :

1	aim	essaim.	25	ïn	coïncider.
2	aims	daims.	26	inc	succinctement.
3	ain	étain.	27	inct	instinct.
4	ainc	vainc.	28	incts	succincts.
5	aincs	convaincs.	29	ing	poing.
6	aing	parpaing.	30	ings	coings.
7	aings	parpaings.	31	ingt	oingt.
8	ains	bains.	32	ingts	vingts.
9	maint	maint.	33	inq	cinq.
10	saints	saints.	34	ins	fins.
11	eim	Reims.	35	int	tint.
12	ein	ceinture.	36	uin	Tarquin.
13	eing	seing.	37	uins	coquins.
14	eings	seings.	38	uint	Charles-Quint.
15	eins	reins.	39	ym	symbole.
16	eint	éteint.	40	ymp	symptôme.
17	eints	ceints.	41	yn	syntaxe.
18	em	sempiternel.	42	heim	Rheims.
19	en	vendéen.	43	hein	hein !
20	ens	chrétiens.	44	hien	Enghien.
21	ent	vient.	45	hin	Rhin.
22	im	simple.	46	hym	thym.
23	in	singe.	47	hyms	thyms.
24	în	tînmes.	etc.!		

11. **UN.** — Le son *un* s'écrit, en Sténographie-Duployé, avec un seul signe, comme aussi les combinaisons de lettres suivantes :

1	eûn	jeûn.	6	unt	emprunt.
2	um	parfum.	7	unts	défunts.
3	ums	parfums.	8	hum	humble.
4	un	un.	9	hun	Hun.
5	uns	tribuns.	10	huns	Huns.

Nous n'avons nullement la prétention d'avoir indiqué toutes les lettres et combinaisons de lettres que l'ancienne orthographe s'ingénie à employer pour représenter les onze voyelles de notre langue; nous en avons volontairement laissé de côté plusieurs sur lesquelles il aurait pu y avoir contestation, et nous en avons très probablement oublié d'autres qui auraient pu figurer dans nos tableaux; cependant nous en avons signalé **quatre cent quatre-vingt-sept!** c'est-à-dire une moyenne de **quarante-quatre** pour chaque son-voyelle! Avec la nouvelle orthographe il suffit d'un seul signe pour chaque son, soit onze signes pour les onze voyelles; **onze** au lieu de **quatre cent quatre-vingt-sept!** Ce parallèle n'a pas besoin de commentaire.

2° *Consonnes.*

1	2	3	4	5	6	7	8	9	10	11	12
pe.	be.	te.	de.	fe.	ve.	ke.	gue.	le.	re.	me.	ne.

13	14	15	16	17
gne.	je.	che.	se.	ze.

Ces dix-sept sons sont représentés, en Sténographie-Duployé, par dix-sept signes différents; un signe particulier pour chaque son.

Chacun des sons **PE, BE, DE, VE, LE, RE, ME, NE,** est donné habituellement par une seule lettre : la lettre *p* pour le son *pe; b* pour le son *be* : *d* pour *de*; *v* pour *ve*; *l* pour *le*; *r* pour *re*; *m* pour *me*; *n* pour *ne*. Exemple : *p*eau, *b*as, *d*ans, *v*œu, *l*ot, *r*is, *m*ain, *n*om. Quelquefois ils résultent du redoublement de la même lettre : a*pp*el, a*bb*é, a*ll*iance, ba*rr*e, po*mm*e, bo*nn*e. Il est facile de constater que, presque jamais, ce redoublement n'influe d'une manière sensible sur la prononciation; aussi la Sténographie représente habituellement ces lettres, simples ou doubles, par le même signe.

Le son **TE** est donné ordinairement par la seule lettre *t*, exemple : *t*as; par le *t* redoublé, exemple: pa*tt*e; et par les deux lettres *t* et *h*, exemple : *th*éodicée.

Le son **FE** est produit habituellement par la lettre *f*, exemple :

*f*er; par l'*f* redoublé : a*ff*aire; et quelquefois par les deux lettres *p* et *h*, exemple : *ph*ilosop*h*ie.

Le son **KE** est donné tantôt par la lettre *c* devant *a*, *o*, *u*, *h* : *c*ar, *c*olle, *c*ube, *ch*œur; tantôt par la lettre *k* : *k*iosque; et tantôt par les deux lettres *q* et *u* : *qu*atre.

Le son **GUE** est produit par la seule lettre *g* quand elle est placée devant *a*, *o*, *u* : *g*are, *g*othique, *g*uttural; par les deux lettres *g* et *u* : *gu*erre; et aussi par la lettre *c* dans le mot *second*, qui se lit : se*g*ond, et ses dérivés.

Les sons **GNE** et **CHE** sont toujours le résultat de deux lettres au moins : des lettres *g* et *n* pour le son *gne*; des lettres *c* et *h* pour le son *che*. Exemple : i*gn*orant, *ch*at.

Le son **JE** est donné par la lettre *j* : *J*ésus; et aussi par la lettre *g* lorsqu'elle se trouve devant *e*, *é*, *i* : *g*endre, *g*érant, *g*ibier.

Le son **SE** est donné habituellement par la lettre *s* : *s*aint : par *s* redoublée : a*ss*is; très souvent aussi par la lettre *t* placée devant *i* suivi d'une autre voyelle : na*t*ion, pa*t*ience; et quelquefois par les deux lettres *s* et *c* : *sc*ipion.

Le son **ZE** est produit habituellement par la lettre *z* : *z*éphir; et très souvent aussi par la lettre *s* : a*s*ile.

Qu'on n'oublie pas que la Sténographie-Duployé ne fait attention uniquement qu'au *son* et nullement aux *lettres;* qu'elle écrit les *sons* et non pas les *lettres.*

ARTICLE III.

Classification méthodique des vingt-huit sons de la langue française d'après leur analogie phonique.

1° *Voyelles.*

1. **Palatales**, ou se prononçant surtout par le palais : A, O, OU.
2. **Dentales**, ou se prononçant surtout par les dents : É, I.
3. **Labiales**, ou se prononçant surtout par les lèvres : EU, U.
4. **Nasales**, ou se prononçant surtout par le nez : AN, ON, IN, UN.

2° *Consonnes.*

1. Labiales :	**pe**	**be.**
2. Dentales :	**te**	**de.**
3. Labiales-dentales :	**fe**	**ve.**
4. Gutturales :	**ke**	**gue.**
5. Linguales :	**le**	**re.**
6. Gutturale-labiale :	**me**	
7. Nasales :	**ne**	**gne.**
8. Linguales-palatales :	**je**	**che.**
	se	**ze.**

Nota. — **Il est inutile de retenir de mémoire cette classification ; il suffit de la comprendre et de la constater.**

EXERCICE

DE LECTURE STÉNOGRAPHIQUE

NOTA. — Les *points* séparent tous les *sons* distincts ; on devra donc employer autant de signes sténographiques qu'il y a de lettres ou de combinaisons de lettres *placées entre deux points.*

(*Extraits de la correspondance adressée aux frères Duployé et écrite correctement en Sténographie-Duployé par des personnes qui n'avaient leur méthode entre les mains, les unes que depuis quelques jours, d'autres depuis quelques heures seulement, d'autres même depuis une heure !*)

«... J'admire dans votre méthode l'unité, la simplicité,
J.a.d.m.i.re d.an v.o.t.re m.é.t.o.de l.u.n.i.té l.a s.im.p.l.i.s.i.t.é

la facilité des liaisons... Je l'estime beaucoup et la
l.a f.a.s.i.l.i.t.é d.è l.i.è.z.on Je l.è.s.t.i.me b.o.k.ou é l.a

préfère à toutes les sténographies éditées jusqu'à ce
p.r.é.f.è.re à t.ou.te l.è s.t.é.n.o.g.r.a.f.i é.d.i.t.é j.u.s.k.a se

jour... »
j.ou.r.

LÉON ROSSET,
professeur au grand séminaire de Chambéry (Savoie),
auteur d'une Méthode de sténographie.

Je ne savais jusqu'ici que la définition de la sténo-
Je ne s.a.v.è j.u.s.k.i.s.i ke l.a d.é.f.i.n.i.s.i.on de l.a s.t.é.n.o-

graphie; je n'ai point étudié deux heures votre méthode que
g.r.a.f.i je n.é p.o.in é.t.u.d.i.é d.eu eu.re v.o.t.re m.é.t.o.de ke

je lis et écris à votre manière !
je l.i é é.k.r.i a v.o.t.re m.a.n.i.è.re

EM. PINCHEDEZ, au grand séminaire de Beauvais (Oise).

Lorsque j'ai reçu votre méthode de sténographie
L.o.r.s.ke j.é re.s.u v.o.t.re m.é.t.o.de de s.t.é.n.o.g.r.a.f.i

Duployé, je n'avais aucune connaissance de la sténo-
d.u.p.l.o.a.i.é je n.a.v.è o.k.u.ne k.o.n.è.s.an.se de l.a s.t.é.n.o.-

graphie; mais aujourd'hui, grâce à votre méthode et
g.r.a.f.i m.è o.j.ou.r.d.u.i g.r.a.se a v.o.t.re m.é.t.o.de é

malgré le peu de temps que j'ai pu sacrifier, je com-
m.a.l.g.r.é le p.eu de t.an ke j.é p.u s.a.k.r.i.f.i.é je k.o-

mence à sténographier une lecture assez rapide.
m.an.se a s.t.é.n.o.g.r.a.f.i.é u.ne l.è.k.t.u.re a.s.é r.a.p.i.de

Emile Jomat, Clerc de Notaire, à Orléans (Loiret).

J'ai reçu votre méthode hier au soir et je me
J.é re.s.u v.o.t.re m.é.t.o.de i.è.r o s.o.a.r é je me

hasarde à vous écrire aujourd'hui en sténographie
a.z.a.r.de a v.ou é.k.r.i.re au.j.ou.r.d.u.i an s.t.é.n.o.g.r.a.f.i

Duployé !
d.u.p.l.o.a.i.é

Frère Luperque, des écoles chrétiennes, à Figeac (Lot).

Permettez-moi de vous adresser mes premières lignes
P.è.r.m.é.t.é m.o.a de v.ou a.d.r.è.s.é m.è p.re.m.i.è.re l.i.gne

d'écriture sténographique Duployé; acceptez-les, je
d.é.k.r.i.t.u.re s.t.é.n.o.g.r.a.f.i.ke d.u.p.l.o.a.i.é a.k.s.è.p.t.é l.è je

vous prie, comme le tribut d'admiration dû à vos immor-
v.ou p.r.i k.o.me le t.r.i.b.u d.a.d.m.i.r.a.s.i.on du a v.o i.m.o.r-

tels travaux et surtout comme le témoignage de toute ma
t.è.l t.r.a.v.o é s.u.r.t.ou k.o.me le t.é.m.o.a.gn.a.je de t.ou.te m.a

reconnaissance... Je suis vraiment étonné de me voir sté-
re.k.o.n.è.s.an.se Je s.u.i v.r.è.m.an é.t.o.n.é de me v.o.a.r s.t.é.

nographe en si peu de temps; c'est grâce à la théorie
n.o.g.r.a.fe an s.i p.eu de t.an s.è g.r.a.se a l.a t.é.o.r.i

claire simple et méthodique de votre ouvrage.
k.l.è.re s.in.p.le é m.é.t.o.d.i.ke de v.o.t.re ou.v.r.a.je

A.-S. Courjan,
Clerc de Notaire, à Faux-Fresnay (Marne).

J'avais déjà essayé inutilement l'emploi de trois
J.a.v..è d.é.j.a é.s.è.i.é i.n.u.t.i.le.m.an l.an.p.l.o.a de t.r.o.a

méthodes de sténographie différentes quand j'ai entendu
m.é.t.o.de de s.t.é.n.o.g.r.a.f.i d.i.f.é.r.an.te k.an j.é an.t.an.d.u

parler de celle dont vous êtes l'inventeur; je l'ai demandée
p.a.r.l.é de s.è.le d.on v.ou è.te l.in.v.an.t.eu.r je l.é de.m.an.d.é

immédiatement et je l'ai reçue ce matin. Elle m'a
i.m.é.d.i.a.te.m.an é je l'é re.s.u se m.a.t.in è.le m.a

semblé aussi claire à lire que facile à écrire;
s.an.b.l.é o.s.i k.l.è.re a l.i.re ke f.a.s.i.le a é.k.r.i.re

et c'est après une heure de travail que je vous adresse
é s.è a.p.r.è u.ne eu.re de t.r.a.va.iie ke je v.ou a.d.r.è.se

cette lettre.
s.è.te l.è.t.re

L. Delaunay, Pharmacien à Reims (Marne).

J'ai reçu, il y a quatre jours seulement, la Sténographie-
J.é re.s.u i.l i a k.a.t.re j.ou.r s.eu.le.m.an l.a s.t.é.n.o.g.r.a.f.i

Duployé et je vous écris aujourd'hui en sténographie,
d.u.p.l.o.a.i.é é je v.ou é.k.r.i o.j.ou.r.d.u.i an s.t.é.n.o.g.r.a.f.i

sans guide et sans alphabet sous les yeux; c'est là, je crois le
s.an gu.i.de é s.an a.l.f.a.b.è s.ou l.è i.eu s.è l.a je k.r.o.a le

plus bel éloge que je puisse faire de votre méthode... Ce
p.l.u b.è.l é.l.o.je ke je p.u.i.se f.è.re de v.o.t.re m.é.t.o.de se

que je crois être l'exacte vérité, c'est que ma connais-
ke je k.r.o.a è.t.re l.é.g.z.a.k.te v.é.r.i.t.é s.è ke m.a k.o.n.è-

sance rapide de la sténographie est réellement due à votre
s.an.se r.a.p.i.de de l.a s.t.é.n.o.g.r.a.f.i è r.é.è.le.m.an d.u a v.o.t.re

système de sténographie et déjà je puis exprimer
s.i.s.t.è.me de s.t.é.n.o.g.r.a.f.i é d.é.j·a je p.u.i è.k.s.p.r.i.m.é

toutes mes pensées à l'aide de vos signes si ingénieuse-
t.ou.te m.è p.an.s.é a l.è.de de v.o s.i.gne s.i in.j.é.n.i.eu-

sement simplifiés.
ze.m.an s.in.p.l.i.f.i.é.

Marolles, Professeur
au Collège de Nogent-le-Rotrou (Eure-et Loir).

On m'a remis avant-hier votre méthode de sténographie,
On m.a re.m.i a.v.an i.è.r v.o.t.re m.é.t.o.de de s.t.é.n.o.g.r.a.f.i

et quoique je n'y aie pas consacré trois heures
é k.o.a.k.e je n.i è p.a k.on.s.a.k.r.é t.r.o.a eu.re

entières, je veux vous dire en sténographie combien
an.t.i.è.re je v.eu v.ou d.i.re an s.t.é.n.o.g.r.a.f.i k.on.b.i.in

j'en suis content.
j.an s.u.i k.on.t.an.

Regnault, Professeur de Philosophie au Collège St-Sauveur,
Redon (Ille-et-Vilaine).

Votre méthode m'a procuré d'immensès avantages. Je
V.o.t.re m.é.t.o.de m.a p.r.o.k.u.r.é d.i.m.an.se a.v.an.t.a.je je

vous félicite d'une telle découverte.
v.ou f.é.l.i.s.i.te d.u.ne t.è.le d.é.k.ou.v.è.r.te.

Eugène Duthoya, élève de Philosophie au même Collège.

Je trouve votre méthode de sténographie d'une faci-
Je t.r.ou.ve v.o.t.re m.é.t.o.de de s.t.é.n.o.g.r.a.f.i d.u.ne f.a.s.i.-

lité surprenante. A première vue, on en comprend
l.i.t.é s.u.r.p.re.n.an.te a p.re.m.i.è.re v.u on an k.on.p.r.an

le mécanisme.
le m.é.k.a.n.i.s.me.

Frère Télesphore, à Nantes (Loire-Inférieure).

Après quelques jours de travail j'ai pu constater la
A.p.r.è k.è.l.ke j.ou.r de t.r.a.v.a.iie j.é p.u k.on.s.t.a.t.é l.a

supériorité de votre méthode sur plusieurs autres
s.u.p.é.r.i.o.r.i.t.é de v.o.t.re m.é.t.o.de s.u.r p.l.u.z.i.eu.r o.t.re

que j'ai autrefois essayées.
ke j.é o.t.re.f.o.a é.s.é.i.é

A. Boisbourdin, prêtre, professeur de mathématiques au petit séminaire de la Chapelle-Saint-Mesmin (Loiret).

Je trouve votre méthode bien supérieure à beaucoup
Je t.r.ou.ve v.o.t.re m.é.t.o.de b.i.in s.u.p.é.r.i.eu.re a b.o.k.ou

d'autres ouvrages de ce genre que je connais.
d.o.t.re ou.v.r.a.je de se j.an.re ke je k.o.n.è

E. Amiot, greffier près le tribunal de première instance. à Chalon-sur-Saône (Saône-et-Loire).

J'ai reçu hier votre ouvrage de sténographie. Après
J.é re.s.u i.è.r v.o.t.re ou.v.r.a.je de s.t.é.n.o.g.r.a.f.i a.p.r.è

quelques heures de travail je me suis trouvé bien sur-
k.è.l.ke eu.re de t.r.a.v.a.iie je me s.u.i t.r.ou.v.é b.i.in s.u.r.-

pris de pouvoir, sans guide, rendre tous les sons de
p.r.i de p.ou.v.o.a.r s.an gu.i.de r.an.d.re t.ou l.è s.on de

notre langue, d'autant plus que je n'avais pas idée de ce
n.o.t.re l.an.gue d.o.t.an p.l.u ke je n.a.v.é p.a i.d.é de se

travail.
t.r.a.v.a.iie

A. Amiard, Greffier de la Justice de paix, à Marines (Seine-et-Oise).

Les signes de la sténographie et leurs combinaisons si
L.è s.i.gne de l.a s.t.é.n.o.g.r.a.f.i é l.eu.r k.on.b.i.n.é.z.on s.i

mystérieuses, au premier aspect, s'éclaircissent et
m.i.s.t.é.r.i.eu.ze o p.re.m.i.é a.s.p.è s.é.k.l.è.r.s.i.se é

s'idéalisent comme par enchantement, après une heure
s.i.d.é.a.l.i.ze k.o.me p.a.r an.ch.an.te.m.an a.p.r.è u.ne eu.re

d'étude.
d.é.t.u.de

E. Gallier,
élève de rhétorique, au séminaire de Cambrai (Nord).

Votre méthode est, de toutes celles que j'ai étudiées, la
V.o.t.re m.é.t.o.de è de t.ou.te s.è.le ke j.é é.t.u.d.i.é l.a
meilleure, la plus rapide, et, en même temps la plus facile
m.é.i.eu.re l.a p.l.u r.a.p.i.de é an m.è.me t.an l.a p.l.u f.a.s.i.le
à lire et à écrire.
a l.i.re et a é.k.r.i.re

A. Glaudin, à Carignan (Ardennes).

Autant j'avais trouvé difficiles et même impossibles
O.t.an j.a.v.è t.r.ou.v.é d.i.f.i.s.i.le é m.è.me in.p.o.s.i.b.le
trois autres traités, autant j'étudie avec un véritable
t.r.o.a o.t.re t.r.è.t.é o.t.an j.é.t.u.d.i a.v.è.k un v.é.r.i.t.a.b.le
plaisir votre petit chef-d'œuvre.
p.l.è.z.i.r v.o.t.re pe.t.i ch.é.d.eu.v.re

Auguste Pujat, Secrétaire du Parquet de la Cour d'assises,
à Bourg (Ain).

J'ai voulu joindre à celui de tant d'autres le tribut
J.è v.ou.l.u j.o.in.d.re a se.l.u.i de t.an d.o.t.re le t.r.i.b.u
de ma satisfaction et de mon admiration sur
de m.a s.a.t.i.s.f.a.k.s.i.on é de m.on a.d.m.i.r.a.s.i.on s.u.r
l'excellence de votre méthode et sur la certitude
l.é.k.s.è.l.an.se de v.o.t.re m.é.t.o.de é s.u.r l.a s.è.r.t.i.t.u.de
de ses résultats.
de s.è r.é.z.u.l.t.a

Je ne m'étais jamais occupé de sténographie avant
Je ne m.é.t.è j.a.m.è o.k.u.p.é de s.t.é.n.o.g.r.a.f.i a.v.an

d'avoir reçu la méthode excellente et remarquable
d.a.v.o.a.r r.e.s.u l.a m.é.t.o.de è.k.s.é.l.an.te é re.m.a.r.k.a.b.le

que vous avez publiée ; mais depuis que je la possède,
ke v.ou a.v.é p.u.b.l.i.é m.è de.p.u.i ke je l.a p.o.s.è.de

je fais une de mes plus agréables distractions de l'écri-
jé f.è u.ne de m.è p.l.u a.g.r.é.a.b.le d.i.s.t.r.a.k.s.i.on de l.é.k.r.i.-

ture . sténographique.
t.u.re s.t.é.n.o.g.r.a.f.i.ke

Chaudon, Notaire et Maire,
A Moustier-Sainte-Marie (Basses-Alpes).

La simplicité et la sûreté de votre méthode la
L.a s.in.p.l.i.s.i.t.é é l.a s.u.re.t.é de v.o.t.re m.é.t.o.de l.a

feront rechercher par tous les Français qui désireront
fe.r.on re.ch.è.r.ch.é p.a.r t.ou l.è f.r.an.s.è k.i d.é.z.i.re.r.on

apprendre en peu de temps un art réputé difficile.
a.p.r.an.d.re an p.eu de t.an un a.r r.é.p.u.t.é d.i.f.i.s.i.le

Après quelques jours d'étude, j'ai pu me convaincre que
a.p.r.è k.e.l.ke j.ou.r d.é.t.u.de j.é p.u me k.on.v.in.k.re ke

votre méthode était préférable à celle que j'avais pré-
v.o.t.re m.é.t.o.de é.t.è p.r.é.f.é.r.a.b.le a s.è.le ke j.a.v.è p.r.é-

cédemment employée.
s.é.d.a.m.an an.p.l.o.a.i.é.

Gras, Receveur des Postes,
à Aubagnes (Bouches-du-Rhône).

Il y a seulement quelques jours que j'étudie votre
I.l i a s.eu.le.m.an k.è.l.ke j.ou.r ke j.é.t.u.d.i v.o.t.re

excellente méthode qui tient, et au delà, tout ce qu'elle
è.k.s.é.l.an.te m.é.t.o.de k.i t.i.in é o de.l.a t.ou se k.è.le

promet. Que n'est-elle plus connue ! elle serait immédiatement
p.r.o.m.è ke n.è.t.è.le p.l.u k.o.n.u è.le se.r.è i.m.é.d.i.a.te.m.an

adoptée... Je suis si satisfait de voir des difficultés que
a.d.o.p.t.é Je s.u.i s.i s.a.t.i.s.f.è de v.o.ar d.è d.i.f.i.k.u.l.té ke

je croyais insurmontables si facilement vaincues, que je
je k.r.o.a.i.è in.s.u.r.m.on.t.a.b.le s.i f.a.s.i.le.m.an v.in.k.u ke je

vous prie de m'envoyer votre pupitre sténographique
v.ou p.r.i de m.an.v.o.a.i.é v.o.t.re p.u.p.i.t.re s.t.é.n.o.g.r.a.f.i.ke

Duployé.
d.u.p.l.o.a.i.é

Le baron DE BENOIST,
Chef d'escadron au 2me régiment de chasseurs d'Afrique.

J'ai reçu, ce jour votre livre. Après deux heures de
J.é r.e.s.u se j.ou.r v.o.t.re l.i.v.re a.p.r.è d.eu eu.re de

lecture attentive j'ai reconnu qu'il me sera très facile
l.è.k.t.u.re a.t.an.t.i.ve j.é re.k.o.n.u k.i.l me se.r.a t.r.è f.a.s.i.le

de mettre votre système en usage... Antérieurement j'ai
de m.è.t.re v.o.t.re s.i.s.t.è.me an u.z.a.je an.t.é.r.i.eu.re.m.an j.é

passé de longues journées sur la méthode de...., mais sans
p.a.s.é de l.on.gue j.ou.r.n.é s.u.r l.a m.é.t.o.de de m.è s.an

arriver à aucun résultat satisfaisant.
a.r.i.v.é a o.k.un r.é.z.u.l.t.a s.a.t.i.s.fe.z.an

A. FÉRAD, chef de la statistique au chemin de fer de
Paris à Lyon et à la Méditerranée.

Il est très facile avec votre méthode d'apprendre la
I.l è t.r.è f.a.s.i.le a.v.è.k v.o.t.re m.é.t.o.de d.a.p.r.an.d.re l.a

sténographie en peu de jours. Vous pouvez voir les
s.t.é.n.o.g.r.a.f.i an p.eu de j.ou.r v.ou p.ou.vé v.o.a.r l.è

progrès que j'ai pu faire en si peu de temps.
p.r.o.g.r.è ke j.é p.u f.è.re an s.i p.eu de t.an

MANSCOURT, commis-greffier au tribunal civil,
à Provins (Seine-et-Marne).

Nota. — La plupart de ces lettres, et beaucoup d'autres, sont reproduites en *Sténographie-Duployé* dans nos **Fac-similé.**

Presque toutes ces personnes et plusieurs centaines de mille autres, dont il serait trop long de rapporter le témoignage, ont pu nous écrire *de suite*, après trois heures..... deux heures..... une heure d'étude, en Sténographie-Duployé, pourquoi, vous aussi, cher lecteur, ne le pourriez-vous pas?

Au reste, si vous avez bien compris tout ce qui précède, et qui peut se résumer dans ces deux mots : *on écrit comme on parle*, vous allez pouvoir, vous aussi, dans *quelques instants*, écrire en Sténographie-Duployé.

DEUXIÈME PARTIE

REMPLACEMENT

DES

SIGNES DE L'ANCIEN ALPHABET

PAR DES SIGNES STÉNOGRAPHIQUES

ALPHABET STÉNOGRAPHIQUE DUPLOYÉ

CONSONNES

Pe ı Petite verticale.
Te - Petite horizontale.
Fe \ Petite oblique, de gauche à droite.
Ke / Petite oblique, de droite à gauche.
Le / Petite oblique ascendante.
Me (Grand demi-cercle, en forme de C.
Ne) Grand demi-cercle, en forme de C retourné.
Je ⌒ Grand demi-cercle, en forme de voûte.
Se ◡ Grand demi-cercle, en forme de bassin.

Be | Grande verticale.
De — Grande horizontale.
Ve \ Grande oblique, de gauche à droite.
Gue / Grande oblique, de droite à gauche.
Re / Grande oblique ascendante.

Gne ·) Grand demi-cercle pointé, (C retourné).
Che ⌒· Grand demi-cercle pointé, en forme de voûte.
Ze ◡· Grand demi-cercle pointé, en forme de bassin

VOYELLES

A Petit cercle.
O Grand cercle.
Ou Grand cercle bouclé, ou bien Grand cercle avec un point.
É L'un de ces petits demi-cercles, sans point.
È L'un de ces petits demi-cercles, avec point au-dessous.
I L'un de ces petits demi-cercles, avec point au-dessus.
Eu L'un de ces quarts de grand cercle, avec point.
U L'un de ces quarts de grand cercle, sans point.
aN L'un de ces quarts de petit cercle, avec accent aigu au-dessus.
oN L'un de ces quarts de petit cercle, avec accent aigu au-dessous.
iN L'un de ces quarts de petit cercle, avec accent grave au-dessus.
uN L'un de ces quarts de petit cercle, avec accent grave au-dessous.

Même Alphabet autrement disposé

CONSONNES

Pe Be Te De Fe Ve Ke Gue Le Re Me Ne Gne Je Che Se Ze

VOYELLES

A O Ou É È I EU U aN oN iN uN

Les deux figures suivantes résument l'alphabet Sténographique Duployé tout entier :

Dans les tableaux précédents, nous avons adopté la prononciation *pe*, *be*, *te*, *de*, *fe*, *ve*, *ke*, *gue*, *le*, *re*, *me*, etc., au lieu de ***pé***, ***bé***, ***té***, ***dé***, ***èf***, ***vé***, ***ka***, ***èl***, ***èr***, ***èm***, etc.; non pas que nous prétendions l'offrir comme préférable, mais uniquement parce que, dans notre système de sténographie, l'e *muet* est toujours supposé venir immédiatement après la consonne non suivie du signe d'une voyelle. Ainsi, ce simple signe — représente la préposition ***de;*** celui-ci /, la conjonction *que;* cet autre /, l'article *le*; ces signes (, ⌒, ◡, les pronoms *me*, *je*, *se;* celui-ci), la négative *ne*.

Remarques générales sur l'Alphabet sténographique Duployé.

1. Les lignes horizontales qui représentent **t** - et **d** — se tracent toujours *de gauche à droite*. »—→

2. Toutes les autres lignes droites | | / / \ \ se tracent toujours *de haut en bas* ↓ excepté pour les signes de la lettre **r** / et de la lettre **l** / qui se tracent toujours *de bas en haut*. ↑

3. Les demi-cercles grands et petits ◡ ⌒ ( ) ⌒ ◡ ( ) se tracent, soit *de gauche à droite* »—→ ◡ ⌒ ◡ ⌒; *soit de haut en bas* ; ( ) ( ). ↓

4. Les quarts de cercle grands et petits se tracent dans tous les sens : .

5. Il en est de même pour les cercles complets : .

Remarques particulières sur chacun des signes de l'Alphabet sténographique Duployé.

1° CONSONNES

1

Pe ı Be |

Le son **pe** est représenté, en Sténographie-Duployé, par une ligne *droite* qui doit se tracer *verticalement* et *de haut en bas* ı. ↓

Le son **be** est également représenté par une ligne *droite* qui doit **se tracer**, elle aussi, *verticalement* et *de haut en bas* ↓ mais, à cette ligne, il faut donner une longueur *double* de celle qui représente **pe.** Exemple : **pe** ı ; **be** |.

Ainsi, les lignes représentant **pe** et **be** sont toujours *droites* et toujours *verticales* : ı |.

2

Te - De —

Le son **te** est figuré, en Sténographie-Duployé, par une ligne *droite* qui doit se tracer *horizontalement* et *de gauche à droite* : -. »—>

Le son **de** est également figuré par une ligne *droite* qui, elle aussi, doit se tracer *horizontalement* et *de gauche à droite* »—> ; mais, à cette ligne, il faut donner une longueur *double* de celle qui représente **te.** Exemple : **te** - ; **de** —.

Ainsi, les lignes représentant **te** et **de** sont toujours droites et toujours horizontales : **te** - ; **de** — ; c'est leur position horizontale qui les distingue des lignes représentant **pe** et **be** qui, elles, sont **toujours** verticales. Exemple : **pe** ı ; **be** | ; **te** - ; **de** —.

3

**Fe \ Ve **

Le son **fe** s'écrit, en Sténographie-Duployé, par une ligne *droite* qui doit se tracer *obliquement de gauche à droite* »—> et *de haut en bas :* ↓ \.

Le son **ve** s'écrit également par une ligne *droite* tracée elle aussi *obliquement de gauche à droite* et *de haut en bas ;* seulement la ligne oblique représentant **ve** doit avoir une longueur double de celle qui représentera **fe** : **ve** \ **fe** \. Ainsi les lignes représentant **fe** et **ve** sont toujours *droites*, toujours *obliques* et toujours tracées *de gauche à droite* et *de haut en bas :* \ \\.

C'est cette position *oblique* \ \ qui les distinguera des *verticales* ı | représentant **pe** ı et **be** | : et aussi des lignes *horizontales* - — représentant **te** - et **de** — : **pe** ı, **be** |, **te** -, **de** —; **fe** \, **ve** \\.

4

Ke / Gue /

Le son **ke** est représenté, en Sténographie-Duployé, par une **ligne** *droite* qui doit se tracer *obliquement de droite à gauche* <—« et *de haut en bas :* ↓ /.

Le son **gue** (g *dur*) est également représenté par une ligne *droite* tracée, elle aussi, *obliquement de droite à gauche* et *de haut en bas* /; mais cette ligne doit avoir une longueur double de celle qui figure le son **ke** /. Exemple : **gue** /, **ke** /.

Ainsi les lignes représentant **ke** / et **gue** / sont toujours *droites*, toujours *obliques* et toujours tracées *de droite à gauche* et *de haut en bas :* / /. Ce qui les distingue des lignes également *obliques* qui servent à désigner les sons **fe** \ et **ve** \\, c'est que **fe** \ et **ve** \\ se tracent *de gauche à droite* »—> \ \ et qu'au contraire **ke** / et **gue** / se tracent *de droite à gauche* <—« / /. Ex. : **fe** \, **ve** \\; **ke** /, **gue** /.

5

Le / Re /

Le son **le** est représenté, en Sténographie-Duployé, par une ligne *droite* qui doit se tracer *obliquement de gauche à droite* »—> **et** TOUJOURS **de BAS EN HAUT** : / ↑.

Le son **re** est également représenté par une ligne *droite* qui, elle aussi, doit se tracer *obliquement de gauche à droite*, et toujours aussi EN REMONTANT ; mais à la ligne figurant le son **re** / on donnera une longueur double de celle qui sera adoptée pour le son **le** . Exemple : **re** /, **le** .

Ainsi les lignes représentant **le** et **re** seront toujours *droites*, toujours *obliques* et toujours tracées *de gauche à droite*, EN MONTANT.

C'est leur tracé *ascendant* qui les distingue des signes représentant **ke** / et **gue** /; ces derniers sont toujours tracés en *descendant* ou *de haut en bas* / /, tandis que **le** et **re** / sont toujours tracés en *montant* ou *de bas en haut* : / /.

Cette manière différente de tracer sera cause que, presque toujours, les signes représentant **ke** / et **gue** / seront plus gros, auront plus de corps et seront moins inclinés que les signes représentant **le** et **re** /.

Ces derniers, en effet, étant écrits *en remontant*, seront, par là même, beaucoup plus minces, plus déliés et plus *couchés* sur la ligne d'écriture. On pourrait donc déjà, à l'aide de cette double constatation, les distinguer assez facilement les uns des autres; mais il est inutile de tendre à ce résultat, car on verra tout à l'heure que la position différente occupée par ces signes dans la contexture des mots rend toute confusion impossible.

Les sons consonnes que nous venons d'étudier sont toujours représentés par des lignes DROITES *tracées dans un sens différent :* **pe** |, **be** |, **te** -, **de** —; **fe** \, **ve** \; **ke** /, **gue** /; **le** /, **re** /; *ceux que nous allons examiner seront tous figurés par des lignes courbes :* ( ) ⌒ ◡.

6

Me (

Le son **me** s'écrit, en Sténographie-Duployé, par un GRAND *demi-cercle* tracé *de haut en bas* ↓ *en forme de* C : (.

7

ne) gne)

Le son **ne** s'écrit, en Sténographie-Duployé, par un GRAND *demi-cercle* tracé *de haut en bas* ↓ en forme de C retourné :).

Le **son gne** n'étant guère qu'une extension du son **ne**, est figuré par le même signe, dans lequel on ajoute un point :).

8

Je ⌒ Che ⌒

Le son **je** est représenté, en Sténographie-Duployé, par un GRAND *demi-cercle* tracé *de gauche à droite* ⟶, *en forme de voûte* : ⌒.

Le son **che**, qui, par sa prononciation, n'est guère qu'une extension du son **je**, est représenté par le même signe, dans lequel on place un point : ⌒.

9

Se ◡ Ze ◡

Le son **se** est figuré, en Sténographie-Duployé, par un GRAND *demi-cercle* tracé *de gauche à droite* ⟶ et en forme de bassin : ◡.

Le son **ze**, n'étant qu'une sorte de renforcement du son **se**, est représenté par le même signe, dans lequel on ajoute un point : ◡.

X s'écrit avec les signes des sons **ke** / et **se** ◡; ou **gue** / et **ze** ◡, suivant la prononciation.

Ainsi, pour résumer ces derniers signes, tous sont de GRANDS *demi-cercles* tracés dans des sens différents : **me** (; **ne**) et **gne**); **je** ⌒ et **che** ⌒; **se** ◡ et **ze** ◡.

Et pour résumer toutes les consonnes de notre alphabet sténographique :

pe |, **be** | ; **te** –, **de** — ; **fe** \, **ve** \ ; **ke** /, **gue** / ; **le** /, **re** / ; **me** (; **ne**), **gne**); **je** ⌒, **che** ⌒ ; **se** ◡, **ze** ◡.

Il nous reste à étudier les signes sténographiques des voyelles ; c'est encore plus facile.

2° VOYELLES

On se rappelle que nous avons divisé les voyelles en quatre catégories :

1° Les palatales : **a, o, ou.**
2° Les dentales : **é, i.**
3° Les labiales : **eu, u.**
4° Les nasales : **an, on, in, un.**

Notre alphabet sténographique emploie un *genre différent* de signes pour chaque catégorie.

1

a ∘, o ○, ou ⊙ ○, oi ○.

Le son **a** est représenté, en Sténographie-Duployé, par un *tout petit cercle* ∘; le son **o** par un *cercle plus grand* ○; et le son **ou** par un *cercle de grande dimension*, dans lequel on inscrit un point ⊙, ou dont on prolonge le tracé de manière à former un cercle bouclé ○. La diphtongue **oi** se prononçant **oa**, s'écrit avec les deux cercles de **o** et de **a** : ○.

2

é, è et i ⌒ ‿ ⊃ ⊂

Les sons **é**. **è** et **i** sont représentés, en Sténographie-Duployé, par un *petit demi-cercle* ⌒ tracé dans n'importe quel sens : ⌒ ‿ ⊂ ⊃.

Quoique nous devions, plus tard, faire connaître une manière facile de distinguer habituellement ces trois sons, même en n'adjoignant pas de *point* au *petit demi-cercle*, cependant nous devons dire en ce moment, que le son **é** se distingue de **è** et de **i** en s'écrivant TOUJOURS de cette manière ‿ et non pas de celles-ci ⌒ ⊂ ⊃ lorsqu'il est isolé, et en n'admettant jamais ni point, ni accent lorsqu'il est joint à un autre signe : ⌒ ‿ ⊃ ⊂.

Le son **è** se distingue de **é** et de **i** en s'écrivant TOUJOURS de cette manière ⌒, et non pas de celles-ci ⊃ ⊂ ‿, lorsqu'il n'est joint à aucune voyelle ou consonne, et en prenant un *point au-dessous* du petit demi-cercle lorsqu'il est uni à un autre signe : ⌒ ‿ ⊃ ⊂.

Le son **i** se distingue de **é** et **è** en s'écrivant TOUJOURS de cette manière ⊂, et non pas de celles-ci ⊃ ⌒ ‿, lorsqu'il est isolé, **et en prenant** *un point* AU-DESSUS du petit demi-cercle, comme **dans l'ancien** alphabet, **lorsqu'il** est uni à un autre signe : ⊂ ⊃ ⌒ ‿.

3

eu et **u** ◜ ◝ ◟ ◞

Les sons eu et **u** sont **figurés**, en Sténographie-Duployé, par un **quart de grand** cercle ◜ **tracé dans** n'importe quel sens : ◜ ◝ ◟ ◞.

Plus loin, nous montrerons qu'il y a presque toujours possibilité

de distinguer certainement **eu** de **u**, en les écrivant tels que nous les donnons ici, sans aucune adjonction de point ni d'accent; cependant nous dirons dès maintenant que le son **u**, lorsqu'il se trouve isolé, doit TOUJOURS s'écrire dans ce sens, et non pas dans ceux-ci; et que, lorsqu'il est joint à un autre signe, il ne doit jamais prendre de point :.

Le son **eu** isolé s'écrira ainsi, et non pas de ces autres manières; joint à un autre signe, il prend un point :.

4

an, on, in, un

Les sons **an**, **on**, **in**, **un**, sont représentés, en Sténographie-Duployé, par un quart de petit cercle tracé dans n'importe quel sens.

Le son **an**, isolé de tout autre son, s'écrit toujours ainsi :, et, dans ce cas, il ne doit pas prendre d'accent; le son **on** isolé s'écrit ainsi, sans accent :; le son **in**, de cette façon :; et le son **un**, de cette manière :.

Lorsqu'il est uni à d'autres sons, le son **an** est représenté par un quart de petit cercle tracé dans le sens qui permet d'éviter les angles; il en est de même pour les sons **on**, **in** et **un**.

Le son **an** peut alors être spécifié par l'adjonction d'un *accent aigu* AU-DESSUS du quart de petit cercle; le son **on**, par un *accent aigu* placé AU-DESSOUS; le son **in** par un *accent grave* placé AU-DESSUS; et le son **un**, par un *accent grave* placé AU-DESSOUS. Plus tard, nous montrerons que ce procédé d'accentuation peut être habituellement négligé sans nuire à la lisibilité de la sténographie; cependant il n'est pas superflu de s'astreindre, dans les commencements, à l'emploi des accents et des points, car notre système métagraphique ou d'abréviations est basé en grande partie sur cette connaissance.

Ill ou **ll** *mouillées* s'écrivent ainsi : ou. On peut même habituellement se contenter du signe de **i**, tracé dans n'importe quel sens :.

Pour résumer les signes sténographiques des voyelles :

1°	**a, o, ou,**	cercles	
2°	**é, i,**	petits demi-cercles	
3°	**eu, u,**	quarts de grand cercle	
4°	**an, on, in, un,**	quarts de petit cercle	

Tout l'alphabet sténographique Duployé se réduit donc aux deux lignes suivantes :

pe be te de fe ve ke gue le re me ne gne je **che se ze**

a o ou é è i eu u an on in un

ou bien à ces deux figures :

La tête ci-dessous donne, elle aussi, dans une phrase, tout l'alphabet sténographique :

Je veux que chacun, d'un œil bien content, ne lise plus qu'au moyen de tous mes signes sténographiques.

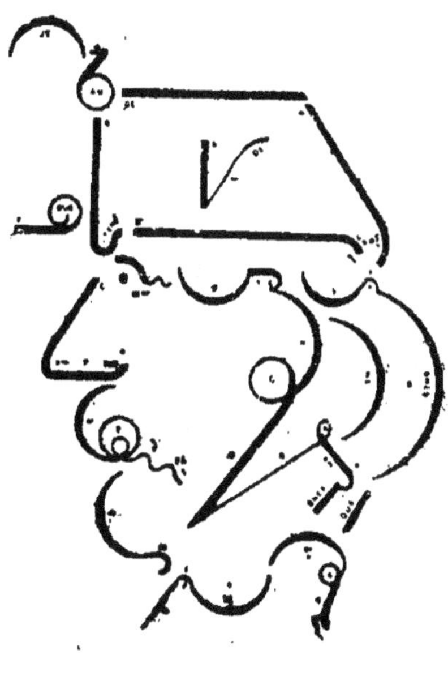

EXERCICES

RÉSUMANT

LES DEUX PREMIÈRES PARTIES

Je s.u.is t.out f.i.e.r de v.ous a.nn.on.c.er que n.o.t.re b.i.en-
ai.m.ée s.t.é.n.o.g.r.a.ph.ie v.a p.r.en.d.re un s.o.l.i.de p.i.ed-à-
t.e.rre d.ans n.o.t.re im.p.o.r.t.an.te v.i.lle de M.ont.r.é.a.l. N.ous
a.v.ons i.c.i u.ne *A.c.a.d.é.m.ie c.o.mm.e.r.c.i.a.le* t.r.ès-im.p.o.r-
t.an.te, à l.a.qu.e.lle est a.nn.e.x.ée u.ne *E.c.o.le p.o.l.y.t.e.ch-
n.i.que* s.ous le p.a.t.r.o.n.a.ge d.i.r.e.c.t d.u g.ou.v.e.r.ne.m.ent.
C.e.tte a.c.a.d.é.m.ie, s.en.t.ant v.i.ve.m.ent le be.s.o.in de l.a
s.t.é.n.o.g.r.a.ph.ie, a.v.ait e.ss.a.y.é de p.r.e.s.que t.ou.tes l.es
m.é.th.o.des; e.lle les a.v.ait t.ou.tes a.b.an.d.o.nn.ées l'.u.ne

a.p.r.ès l'.au.t.re. Le P.r.in.c.i.p.a.l de l'.é.t.a.b.l.i.ss.e.m.ent a.pp.r.it que je p.r.a.t.i.qu.ais u.ne m.é.th.o.de qu.i, d.i.s.ait-on d.é.j.à p.a.r.t.out, é.c.l.i.p.s.ait t.ou.tes l.es au.t.res. Il v.int me t.r.ou.v.er, et, a.p.r.ès a.v.o.ir f.r.o.i.de.m.ent et l.on.gue.m.ent e.x.a.m.i.n.é et d.i.s.c.u.t.é a.v.e.c m.o.i v.o.t.re m.é.th.o.de, il en f.ut t.e.lle.m.ent en.ch.an.t.é et en.th.ou.s.i.a.s.m.é que s.u.r-le-ch.amp, i.l m'.a p.r.i.é, s.u.pp.l.i.é, de l'.en.s.ei.gn.er d.ans l'A.c.a.d.é.m.ie, et je v.i.ens d'.ê.t.re n.o.mm.é p.r.o.f.e.ss.eu.r de s.t.é.n.o.g.r.a.ph.ie de l'A.c.a.d.é.m.ie c.o.mm.e.r.c.i.a.le de M.ont.r.é.a.l.

MANSEAU

NOTA : Depuis l'année 1875, date de cette lettre, la Sténographie Duployé fait partie du programme d'enseignement de l'*Académie Commerciale* de Montréal.

Je s.u.is b.i.en ai.se de r.en.d.re u.ne p.l.ei.ne j.u.s.t.i.ce à v.o.t.r.e m.é.th.o.de s.t.é.n.o.g.r.a.ph.i.que c.o.mme é.t.ant

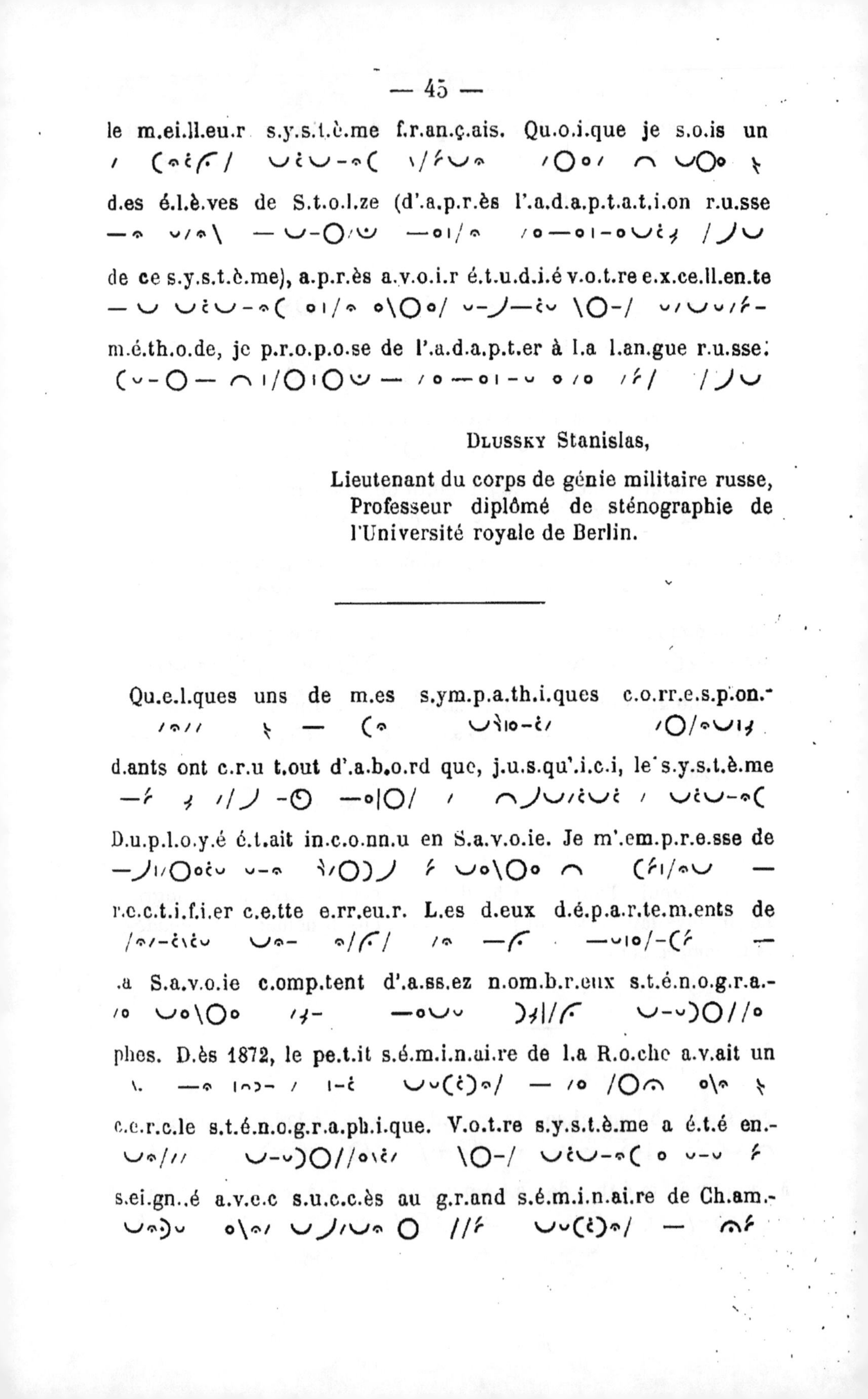

le m.ei.ll.eu.r s.y.s.t.è.me f.r.an.ç.ais. Qu.o.i.que je s.o.is un d.es é.l.è.ves de S.t.o.l.ze (d'.a.p.r.ès l'.a.d.a.p.t.a.t.i.on r.u.sse de ce s.y.s.t.è.me), a.p.r.ès a.v.o.i.r é.t.u.d.i.é v.o.t.re e.x.ce.ll.en.te m.é.th.o.de, je p.r.o.p.o.se de l'.a.d.a.p.t.er à l.a l.an.gue r.u.sse.

DLUSSKY Stanislas,

Lieutenant du corps de génie militaire russe,
Professeur diplômé de sténographie de l'Université royale de Berlin.

Qu.e.l.ques uns de m.es s.ym.p.a.th.i.ques c.o.rr.e.s.p.on.-d.ants ont c.r.u t.out d'.a.b.o.rd que, j.u.s.qu'.i.c.i, le s.y.s.t.è.me D.u.p.l.o.y.é é.t.ait in.c.o.nn.u en S.a.v.o.ie. Je m'.em.p.r.e.sse de r.e.c.t.i.f.i.er c.e.tte e.rr.eu.r. L.es d.eux d.é.p.a.r.te.m.ents de l.a S.a.v.o.ie c.omp.tent d'.a.ss.ez n.om.b.r.eux s.t.é.n.o.g.r.a.-phes. D.ès 1872, le pe.t.it s.é.m.i.n.ai.re de l.a R.o.che a.v.ait un c.e.r.c.le s.t.é.n.o.g.r.a.ph.i.que. V.o.t.re s.y.s.t.è.me a é.t.é en.-s.ei.gn..é a.v.e.c s.u.c.c.ès au g.r.and s.é.m.i.n.ai.re de Ch.am.-

b.é.r.y p.a.r le s.a.v.ant et re.g.r.et.t.é M. R., de.ve.n.u v.i.c.ai.re g.é.n.é.r.a.l, et b.eau.c.oup d'.é.l.è.ves p.re.n.aient l.eu.rs n.o.tes en s.t.é.n.o.g.r.a.ph.ie. J'.ai c.o.nn.u é.g.a.le.m.ent en M.au.r.i.en-ne, d.es e.cc.l.é.s.i.a.s.t.i.ques qu.i é.c.r.i.v.aient l.a s.t.é.n.o.g.r.a.-ph.ie a.v.e.c r.a.p.i.d.i.t.é. M.on b.ut n'.est d.on.c p.l.us de f.ai.re c.o.nn.ai.t.re, m.ais de v.u.l.g.a.r.i.s.er v.o.t.re s.y.s.t.è.me, de l'.in.t.r.o.d.u.i.re s.u.r.t.out d.ans l.es é.c.o.les.

Girard,
Vicaire général de l'évêché de
Saint-Jean-de-Maurienne.

TROISIÈME PARTIE

MANIÈRE D'UNIR ENSEMBLE

les Signes Sténographiques Duployé

RÈGLE UNIQUE :

ÉVITER LES ANGLES

En jetant un coup d'œil sur les tableaux suivants, on comprendra, même avant toute explication, le motif et les avantages de cette règle.

Les voyelles, n'ayant pas de position fixe, se tracent dans la position qui permet de les unir sans angle avec la consonne précédente et avec la consonne suivante. Lorsqu'il n'est pas possible de les unir sans angle avec les deux consonnes entre lesquelles elles se trouvent, on doit faire en sorte qu'il n'y ait pas d'angle, au moins entre la voyelle et la consonne avec laquelle la voyelle forme syllabe.

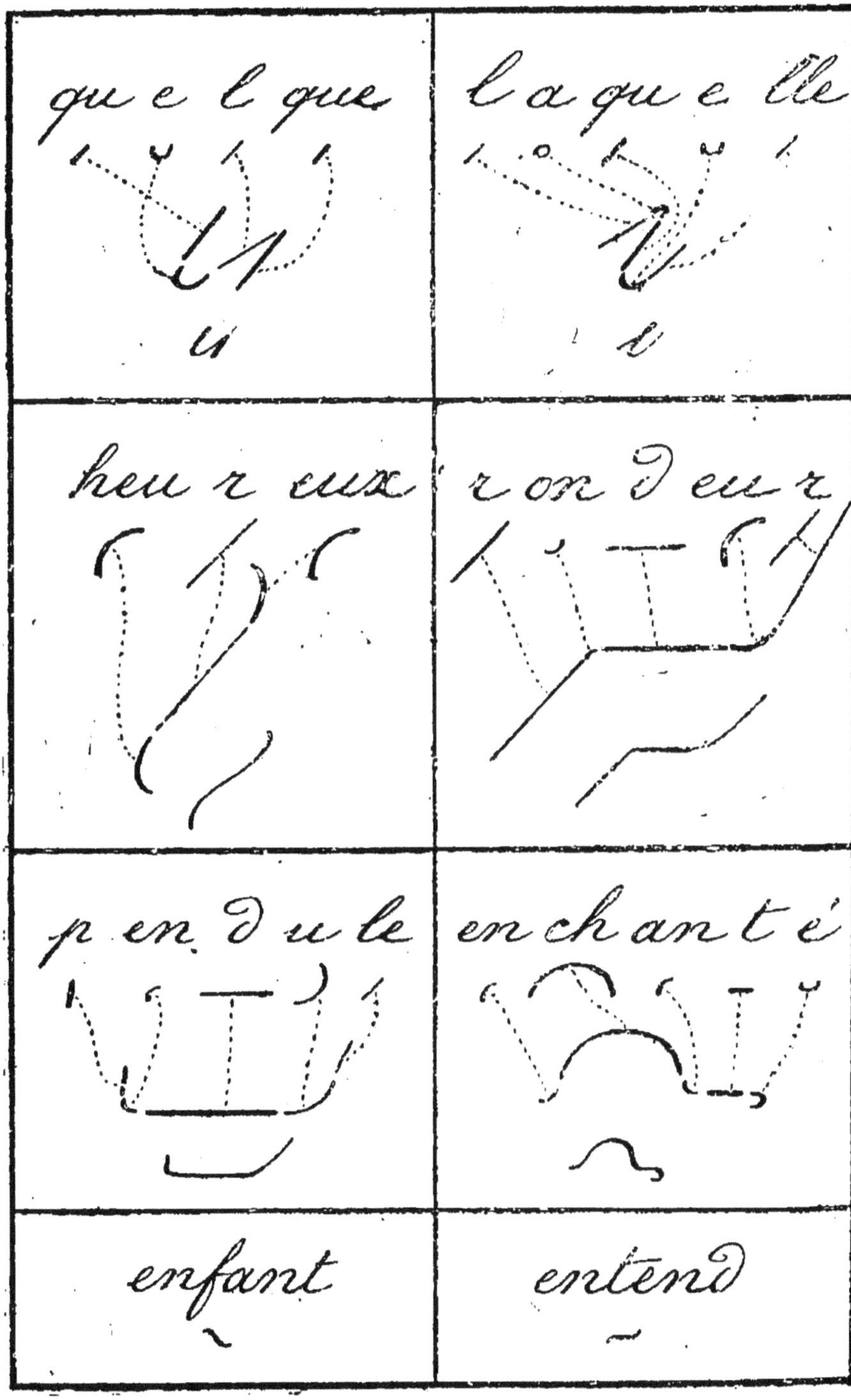
qu e l que
l a qu e lle
heu r eux
r on d eu r
p en d u le
en ch an t é
enfant
entend

RÈGLE

Éviter les angles

1° L'application de cette règle est toujours possible

lorsqu'il s'agit des voyelles *a*, *o* et *ou* :

bas, dos hotte, vous, cou, ballot, dotal,

foulard couteau, beaucoup, nous, los, chat,

sa, maux, loto, chapeau, soupe, carreau.

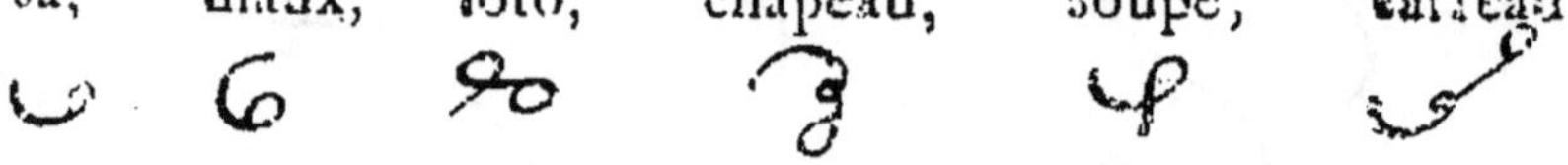

NOTA. — On remarquera que, dans l'intérieur des mots, nous

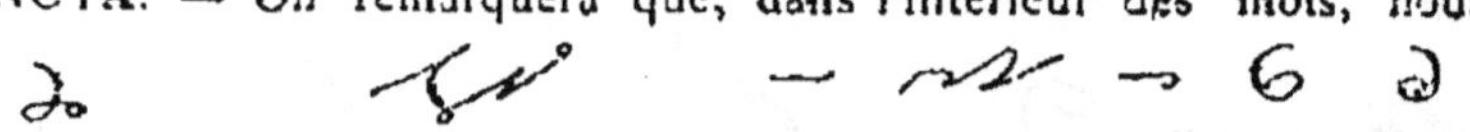

représentons toujours le son *ou* par ce signe ⊙ , et que nous

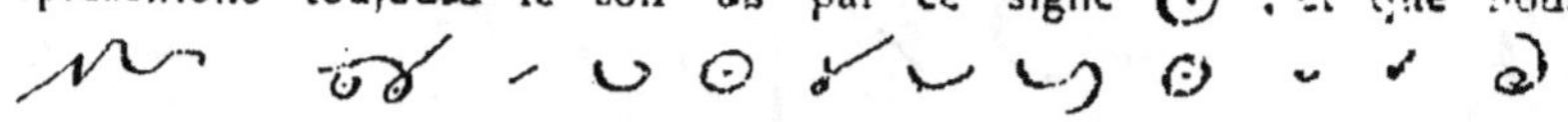

employons celui-ci ◯ au commencement ou à la fin des mots.

Dans l'intérieur des mots, le cercle bouclé nécessiterait un angle, ce

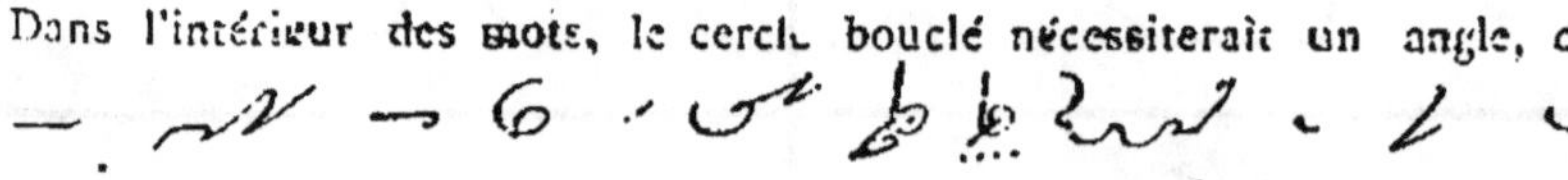

qui nuirait à la rapidité de l'écriture. L'adjonction d'un *point*

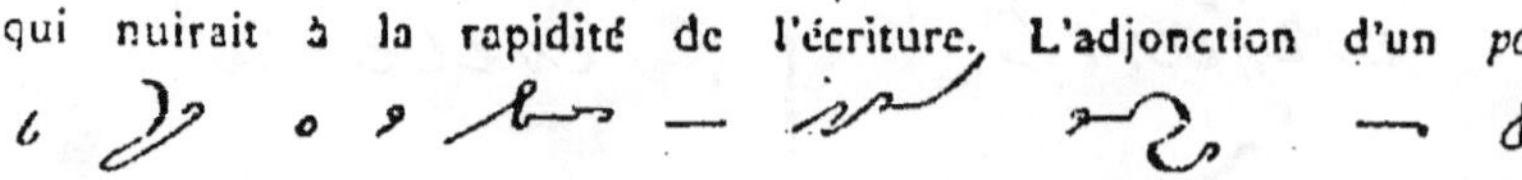

occasionne, il est vrai, une levée de plume, par conséquent une perte de temps; mais le point se supprime lorsqu'on écrit rapidement.

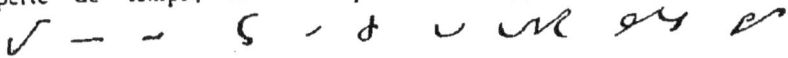

Au commencement ou à la fin des mots, le cercle bouclé s'écrit presque aussi rapidement qu'un cercle simple, on peut donc l'y employer pour *on*. Cependant on verra que notre règle de *position* des voyelles permet d'y supprimer même ce petit crochet.

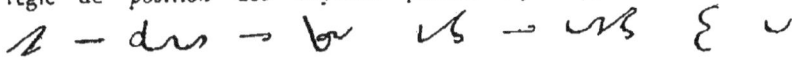

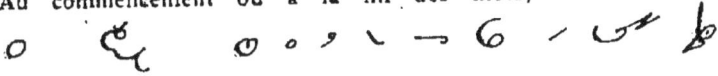

2° Quant aux voyelles *é* et *i*; *eu* et *u*; *an*, *on*, *in* et *un*, la position différente qu'on peut donner aux signes qui les représentent permet de les unir sans angle à la consonne avec laquelle elles forment syllabe, que cette consonne soit placée avant ou après ces voyelles.

Et, grâce à la mobilité de ces voyelles, n'importe quelle syllabe ne demande jamais *qu'un seul trait de plume*

du, vent, rue, vu, champ, nez, scie, don, saint, mais, riz, hure, anche, anse, il, hutte.

Ces voyelles peuvent même être unies assez souvent sans angle aux consonnes qui commencent la syllabe suivante butte, digue, verre, rente, chair, tube, sec,

nimbe, danse, bonde, sonde.

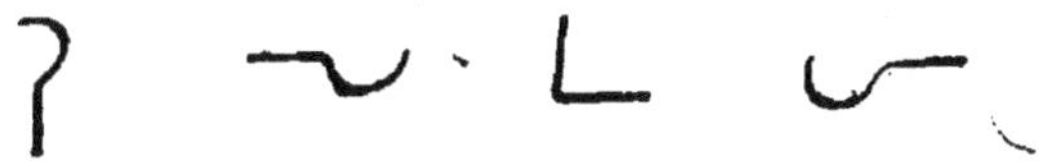

Mais cela n'est pas toujours possible :

vice, langue, serre, chef, bure, genre, tangue,

nymphe, ride.

3° Un certain nombre de consonnes peuvent

s'unir les unes aux autres sans angle :

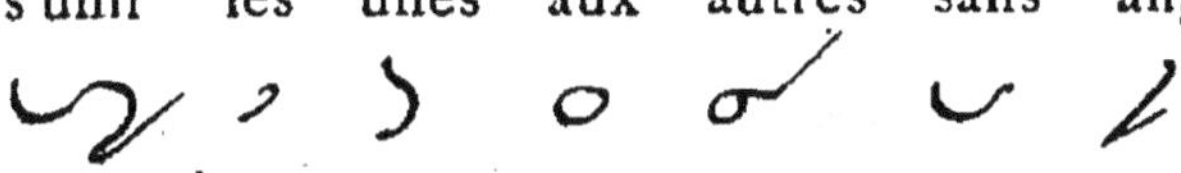

Etna, psaume, cheval, sera, arche, slave, Denis.

Mais l'angle ne peut être évité entre plusieurs

autres consonnes

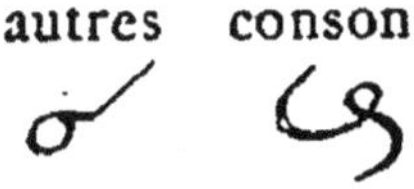

flot, secret, vrai, trop, crin.

4° Lorsque les signes de *l* et *r* se suivent, on donne au deuxième une inclinaison un peu différente de celle qui a été donnée au premier, généralement plus en avançant :

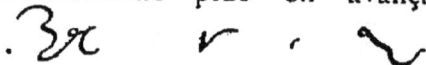

Charles, pèlerin, horloger, perle.

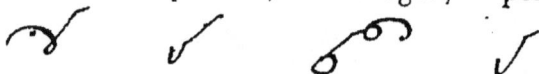

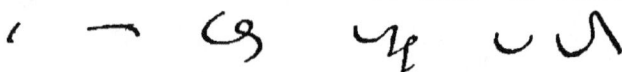

5° Quand deux consonnes semblables se suivent, on n'en écrit habituellement qu'une, car la prononciation n'en fait généralement entendre qu'une seule. botte, effet, accord, assez, bonne.

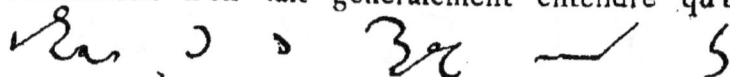

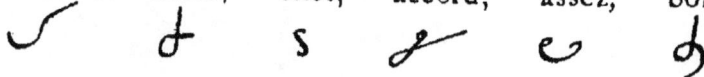

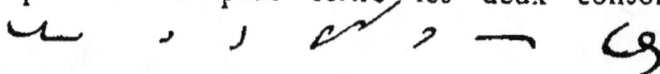

Cependant on peut écrire les deux consonnes lorsque la prononciation l'exige, et si ces deux mêmes consonnes sont formées de lignes droites

autres que *l* et *r*, on les sépare par une

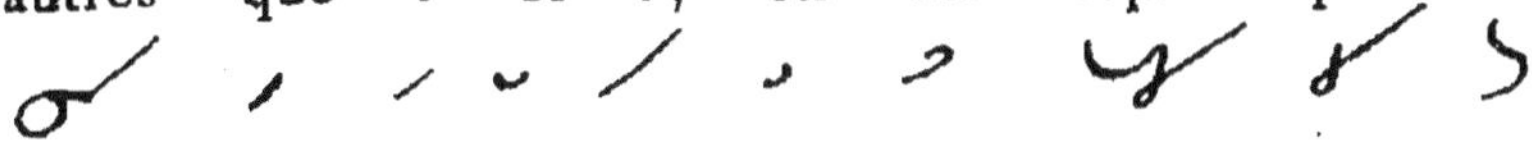

sécante : dedans, honnêteté, sainteté.

On le voit, sauf pour ces deux dernières

remarques, tout se réduit à la seule règle ·

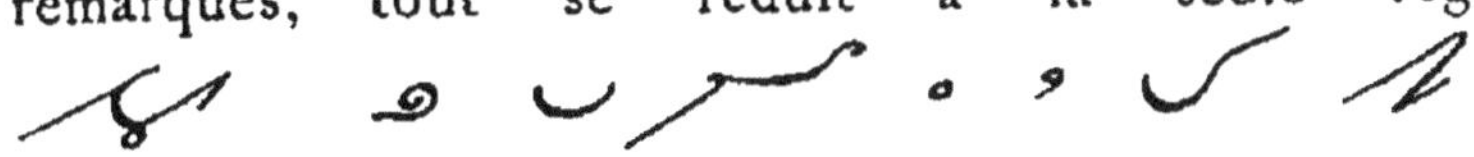

Eviter les angles le plus possible.

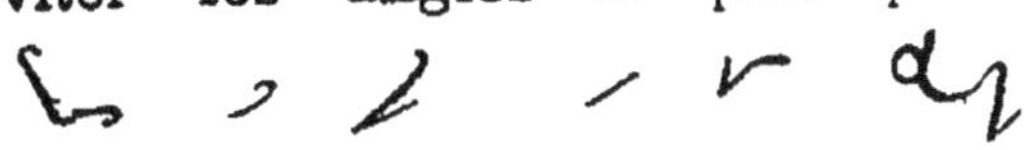

Pour arriver vite à ce résultat, qu'on ne

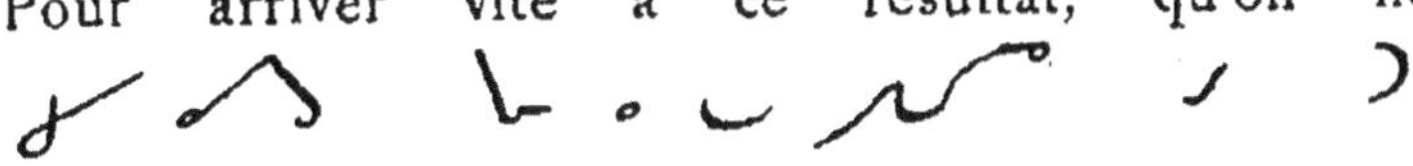

lève pas la plume tant que le mot commencé

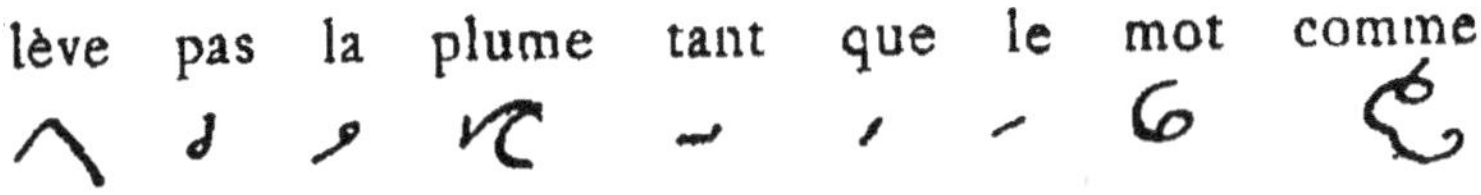

n'est pas terminé. Ce moyen qui peut paraître

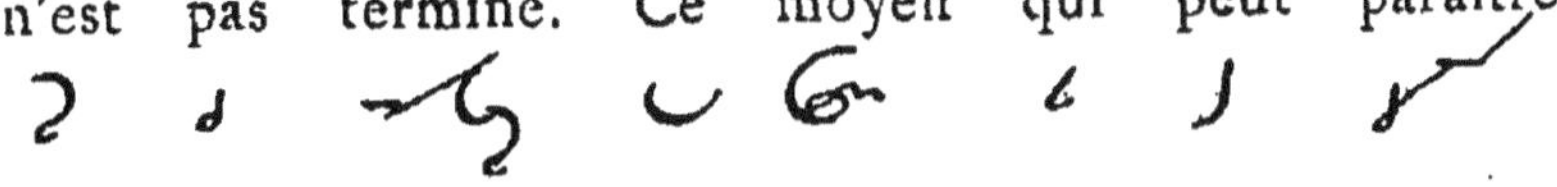

empirique donne rapidement de bons résultats.

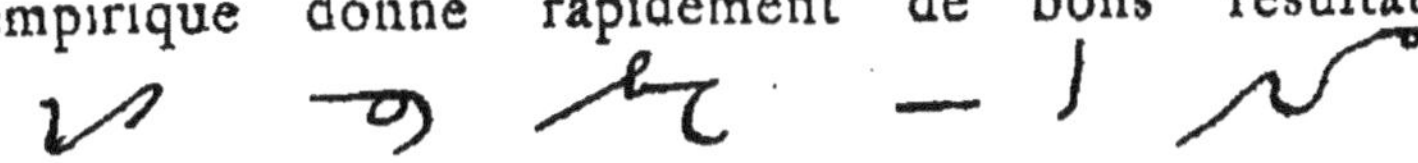

ÉVITER LES ANGLES

Cette règle domine tout

Écrivez donc	*ainsi*	*et non pas*	*quoique*	*s'écrive*
Jeune			Jeu	
Odeur			Deux	
Dupe	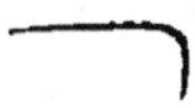		Du	
Sœur			Ceux	
Ronde			Rond	
Bonde		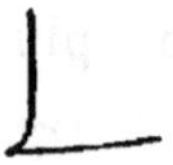	Bon	
Chaire			Chez	
Temple		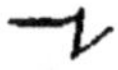	Temps	
Sonde			Son	
Bœuf			Bœufs	
Fonte			Fonds	
Danse			Dent	
Fuite			Fut	

TRACÉ DES DEMI-CERCLES

Tracés réguliers

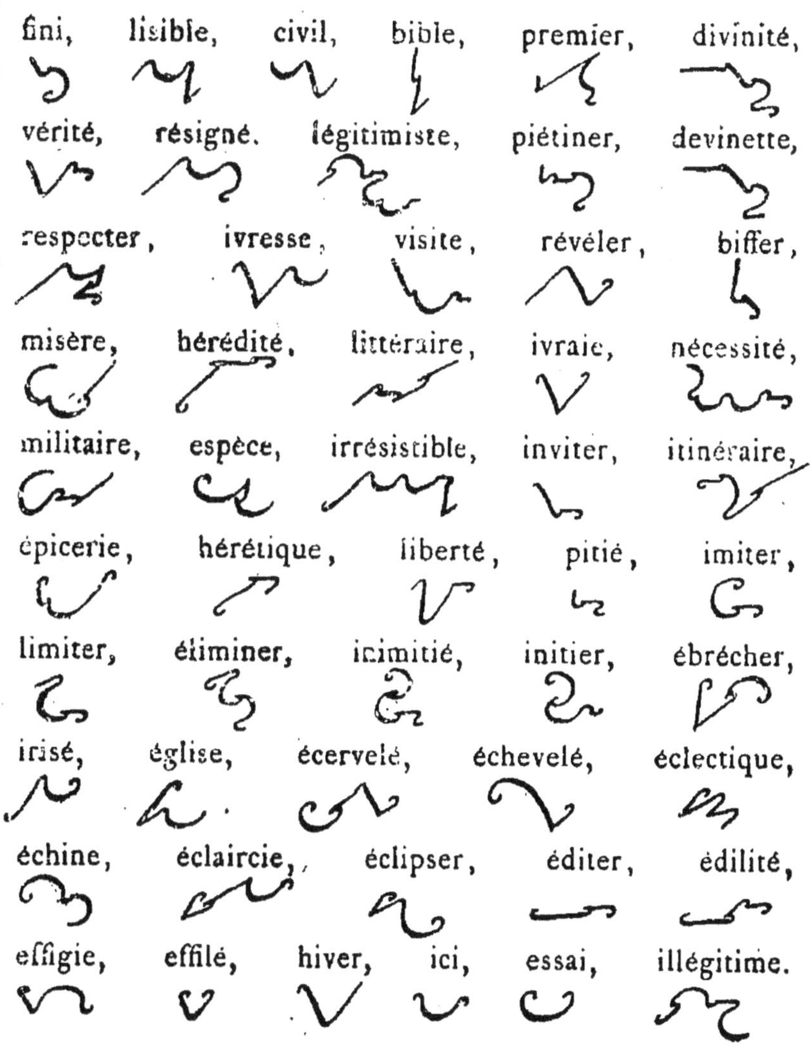
fini, lisible, civil, bible, premier, divinité,
vérité, résigné, légitimiste, piétiner, devinette,
respecter, ivresse, visite, révéler, biffer,
misère, hérédité, littéraire, ivraie, nécessité,
militaire, espèce, irrésistible, inviter, itinéraire,
épicerie, hérétique, liberté, pitié, imiter,
limiter, éliminer, inimitié, initier, ébrécher,
irisé, église, écervelé, échevelé, éclectique,
échine, éclaircie, éclipser, éditer, édilité,
effigie, effilé, hiver, ici, essai, illégitime.

TRACÉ DES DEMI-CERCLES

Tracés irréguliers

fini, lisible, civil, bible, premier, divinité,

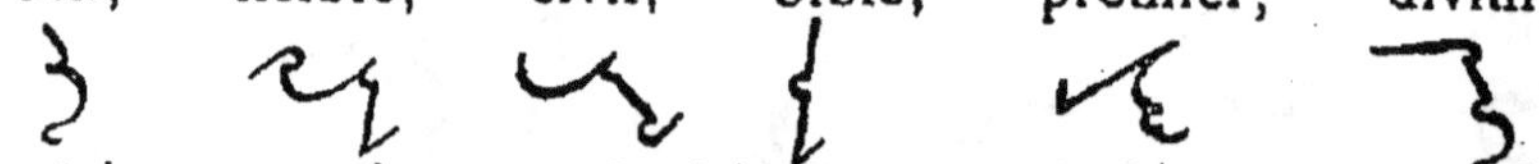

vérité, résigné, légitimiste, piétiner, devinette,

respecter, ivresse, visite, révéler, biffer,

misère, hérédité, littéraire, ivraie, nécessité,

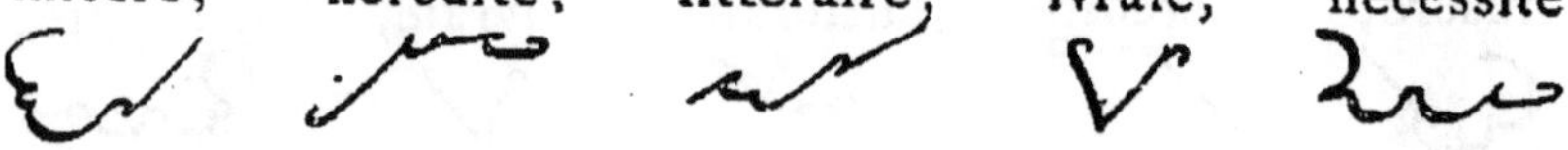

militaire, espèce, irrésistible, inviter, itinéraire,

épicerie, hérétique, liberté, pitié, imiter,

limiter, éliminer, inimitié, initier, ébrécher,

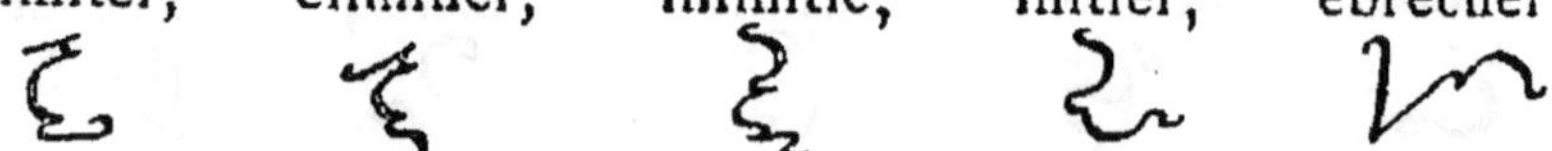

irisé, église, écervelé, échevelé, éclectique,

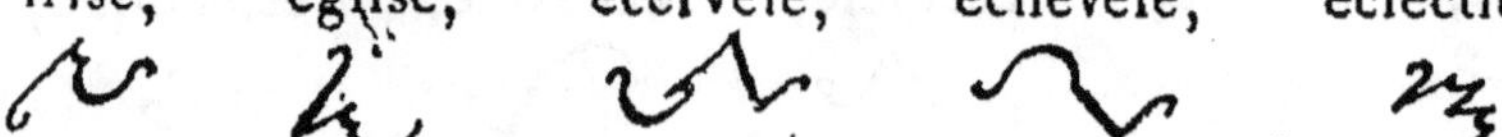

échine, éclaircie, éclipser, éditer, édilité,

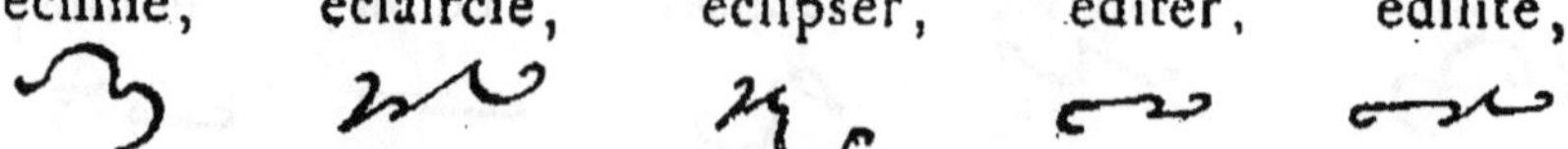

effigie, effilé, hiver, ici, essai, illégitime.

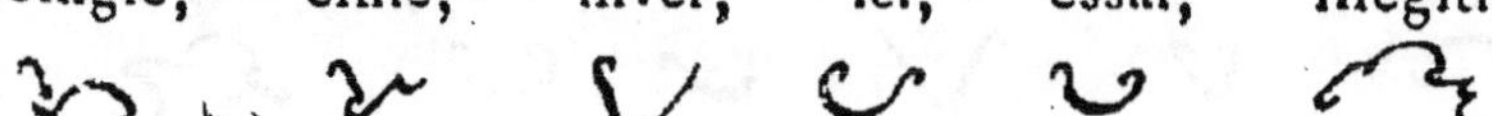

TRACÉ DES QUARTS-DE-CERCLE

Tracés réguliers

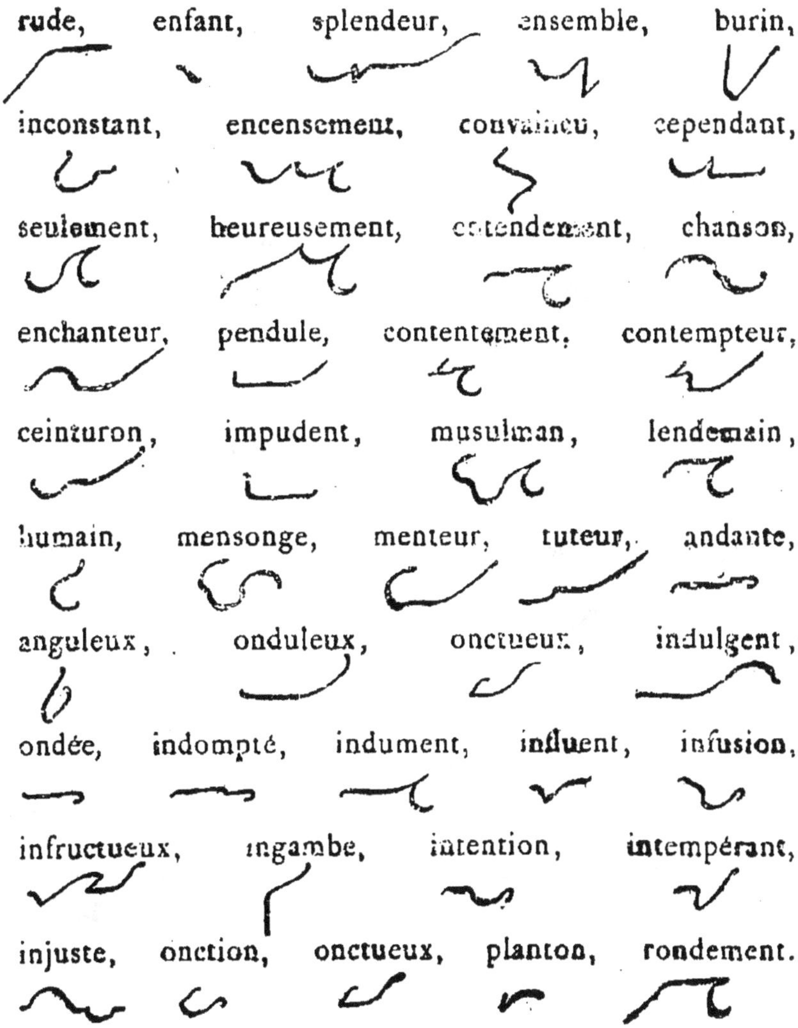
rude, enfant, splendeur, ensemble, burin,
inconstant, encensement, convaincu, cependant,
seulement, heureusement, entendement, chanson,
enchanteur, pendule, contentement, contempteur,
ceinturon, impudent, musulman, lendemain,
humain, mensonge, menteur, tuteur, andante,
anguleux, onduleux, onctueux, indulgent,
ondée, indompté, indument, influent, infusion,
infructueux, ingambe, intention, intempérant,
injuste, onction, onctueux, planton, rondement.

TRACÉ DES QUARTS-DE-CERCLE

Tracés irréguliers

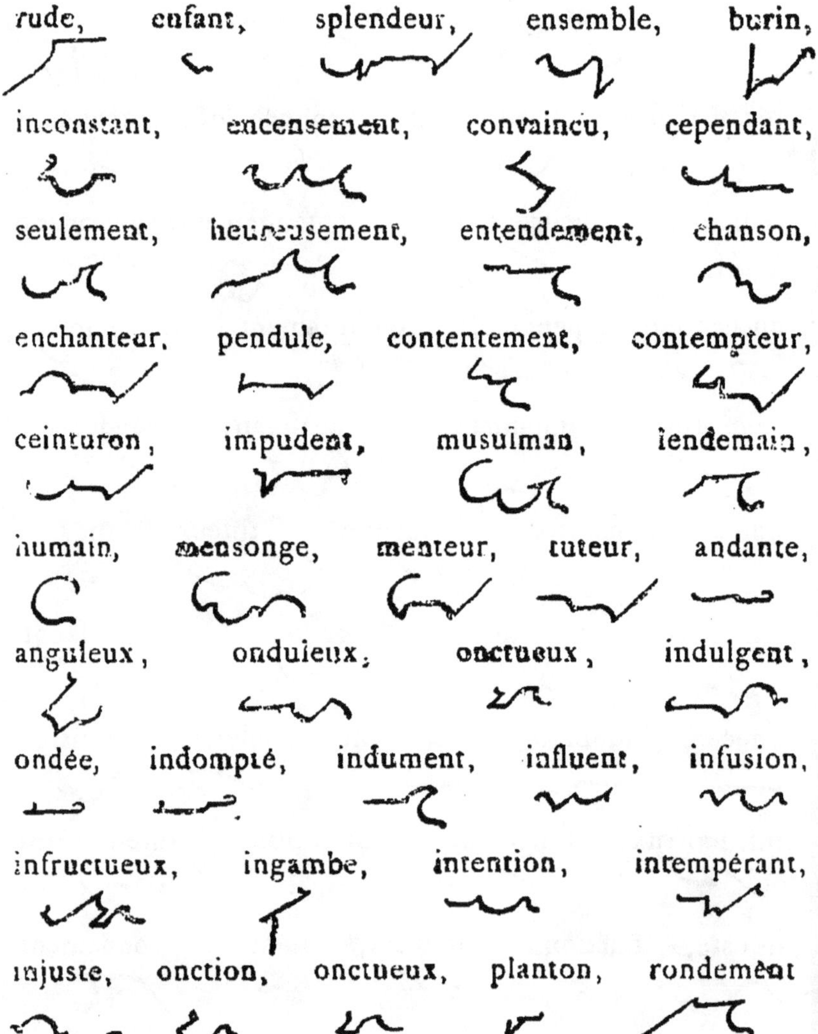

Les quarts de cercles prennent habituellement des positions qui ne peuvent convenir aux petits demi-cercles, et réciproquement :

Banque	Bique	Bec	Buque
Tance	Tisse	Thèse	Dusse
Vente	Vide	Fête	Fut
Cangue	Conque	Guide	Guêtre
Lance	Ronce	Risque	Reste
Rude	Ronde	Raide	Vide
Mince	Muse	Miss	Messe
Sente	Site	Cette	Stock
Chante	Gite	Jette	Chute
Honte	Hanter	Ondée	Antenne
Content	Canton	Concert	Caisse
Pinson	Ponce	Bise	Pèse
Décédé	Décidé	Défend	Typhon

CERCLES

Position qu'ils doivent occuper au commencement, dans l'intérieur et à la fin des mots.

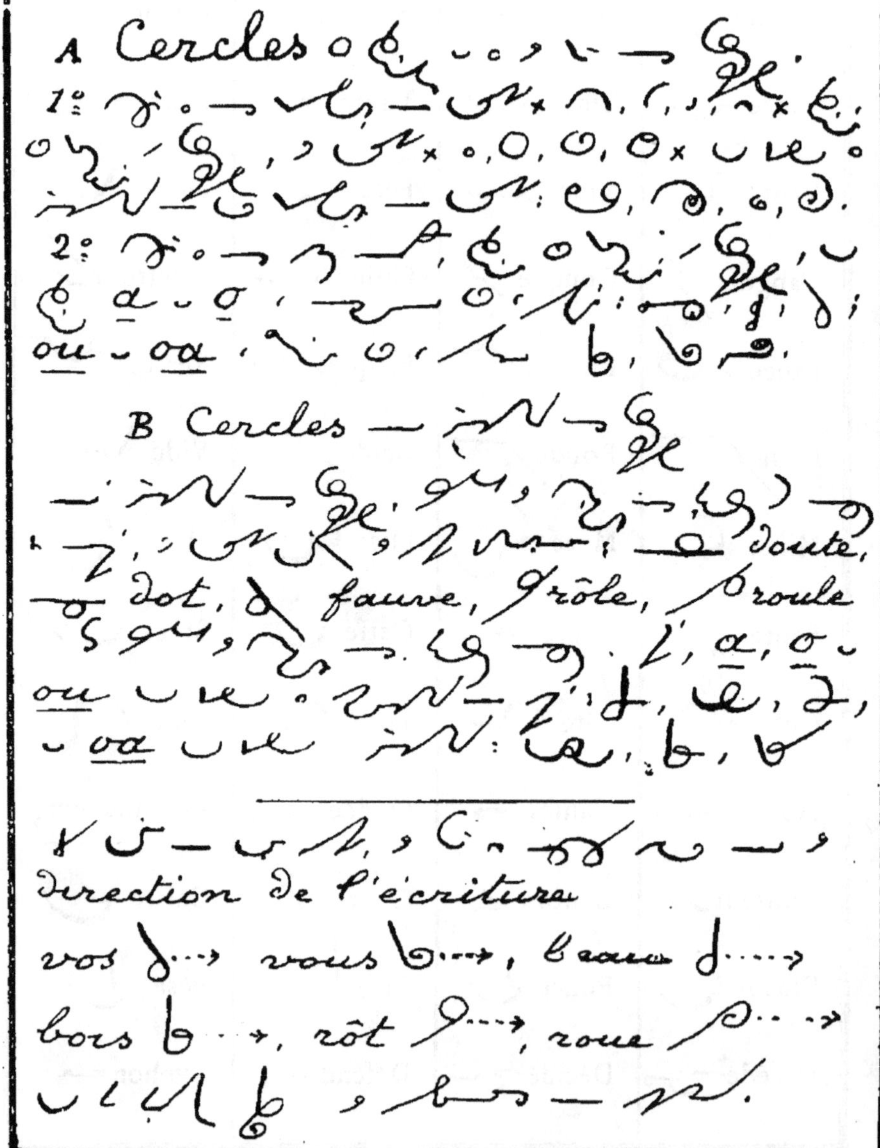

JONCTION

des 1/4 de grands cercles aux grands 1/2 cercles.

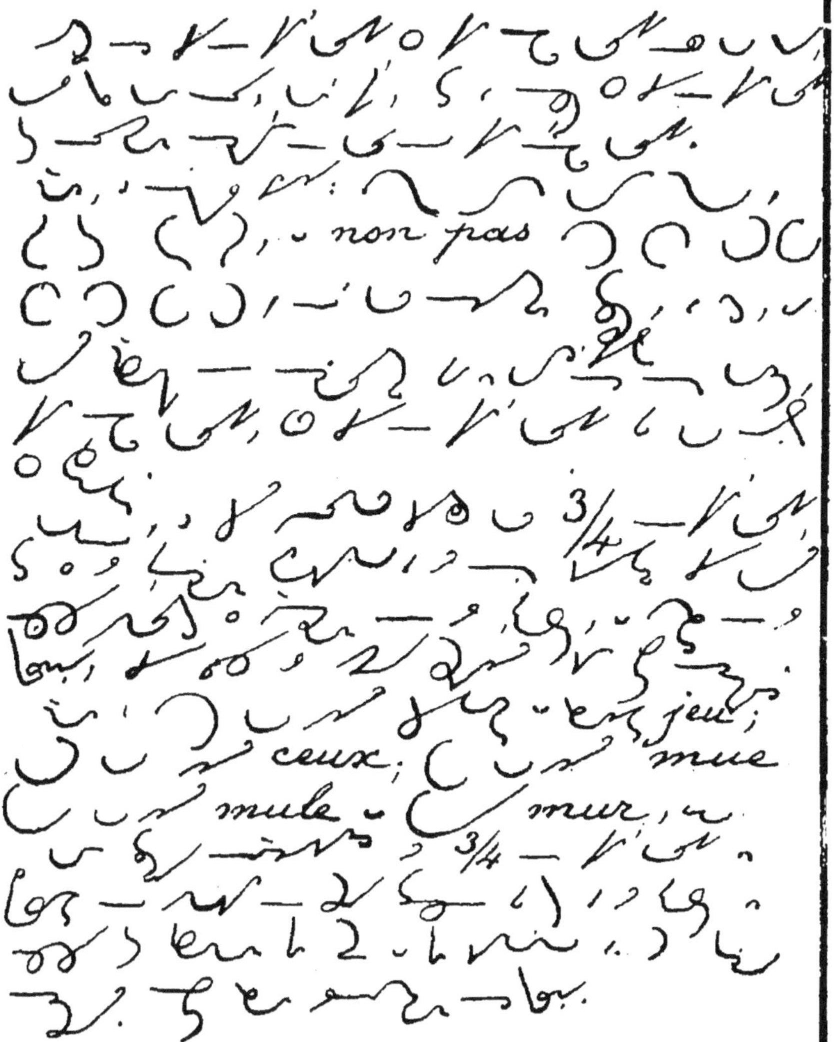

non pas
3/4
en jeu
ceux
mue
mule
mur
3/4

ÉCRITURE

des Sons-Voyelles isolés.

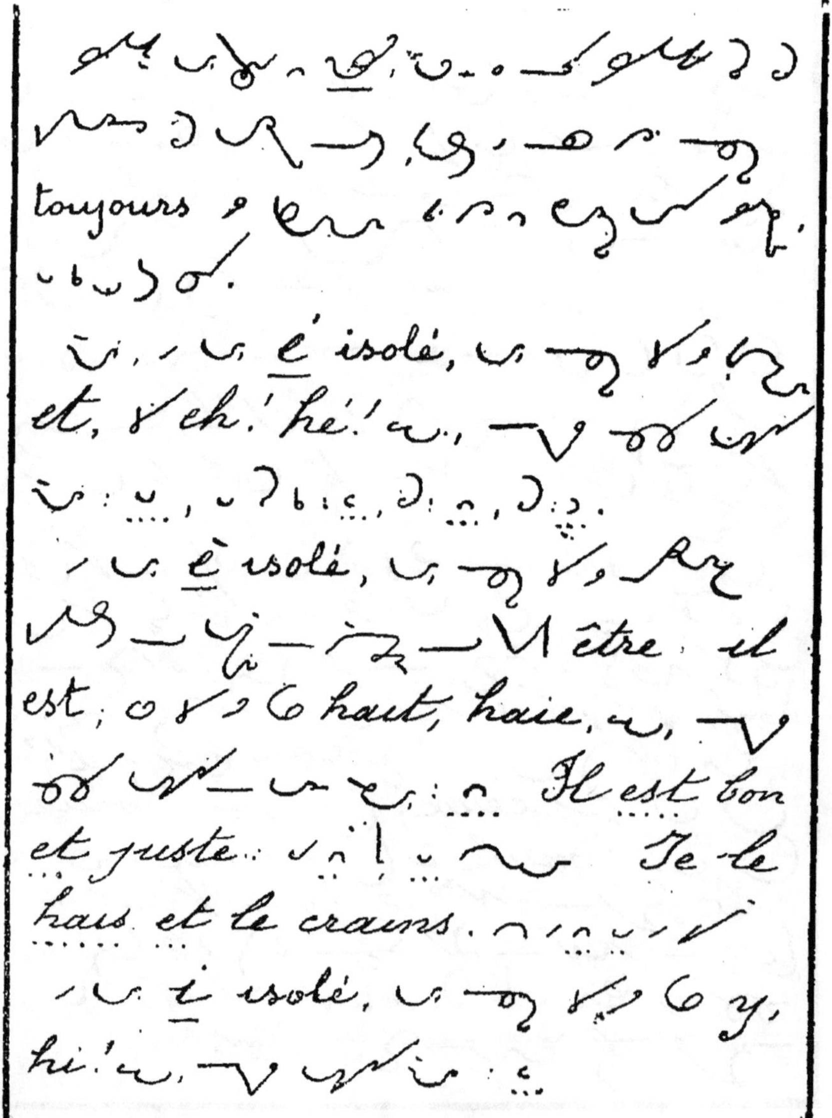

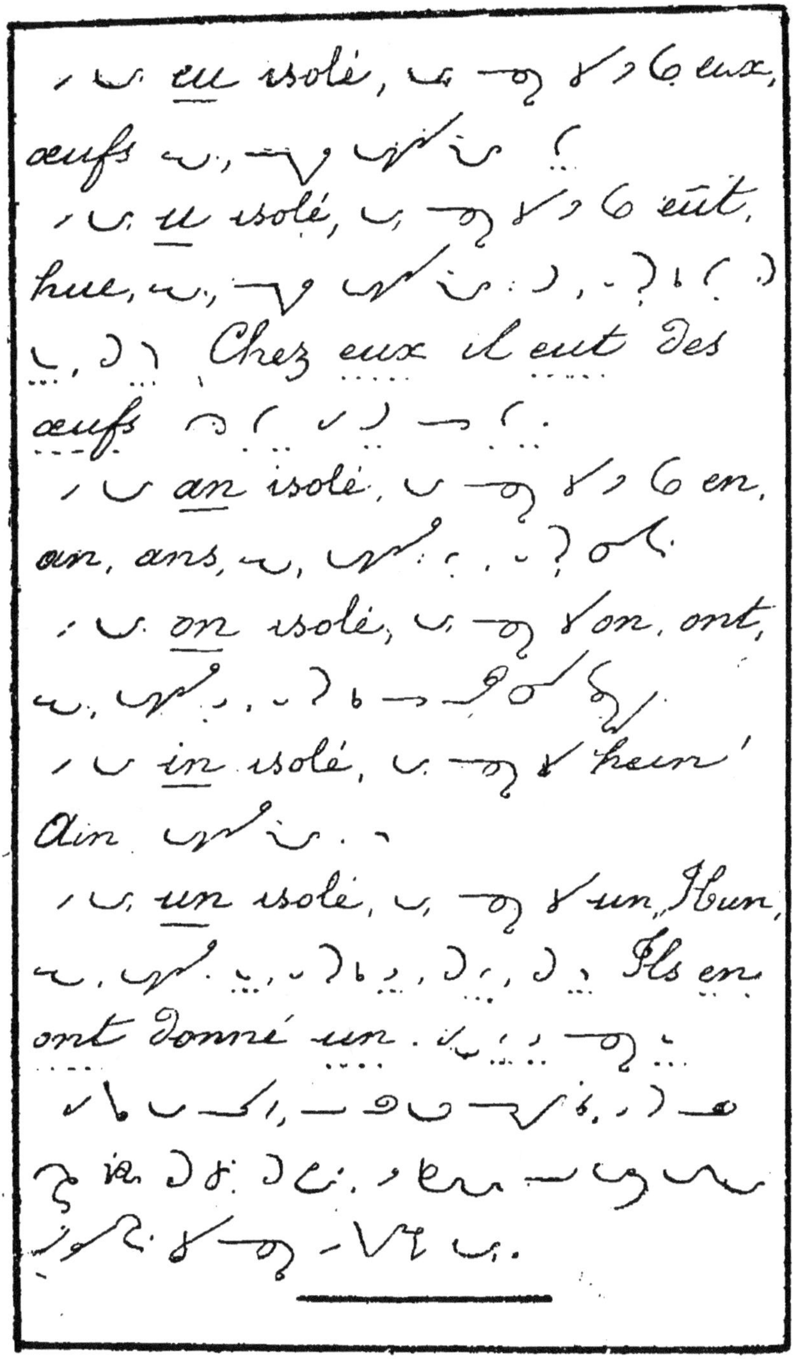
eu isolé
eux, œufs
u isolé
eût, hue
Chez eux il eut des œufs
an isolé
en, an, ans
on isolé
on, ont
in isolé
hein! Ain
un isolé
un, Hun
Ils en ont donné un

ÉCRITURE

Des mots composés uniquement de sons-voyelles.

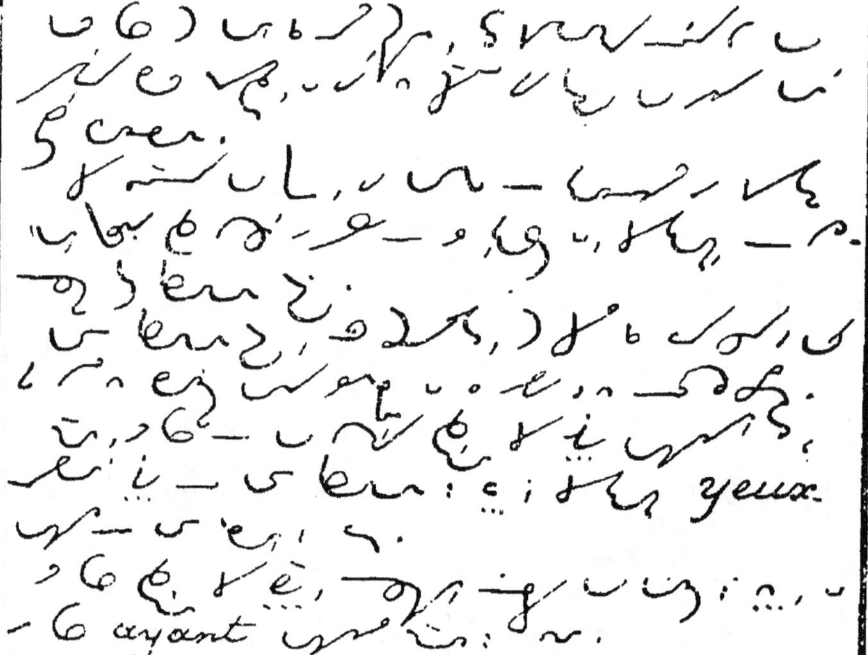

LECTURE STÉNOGRAPHIQUE

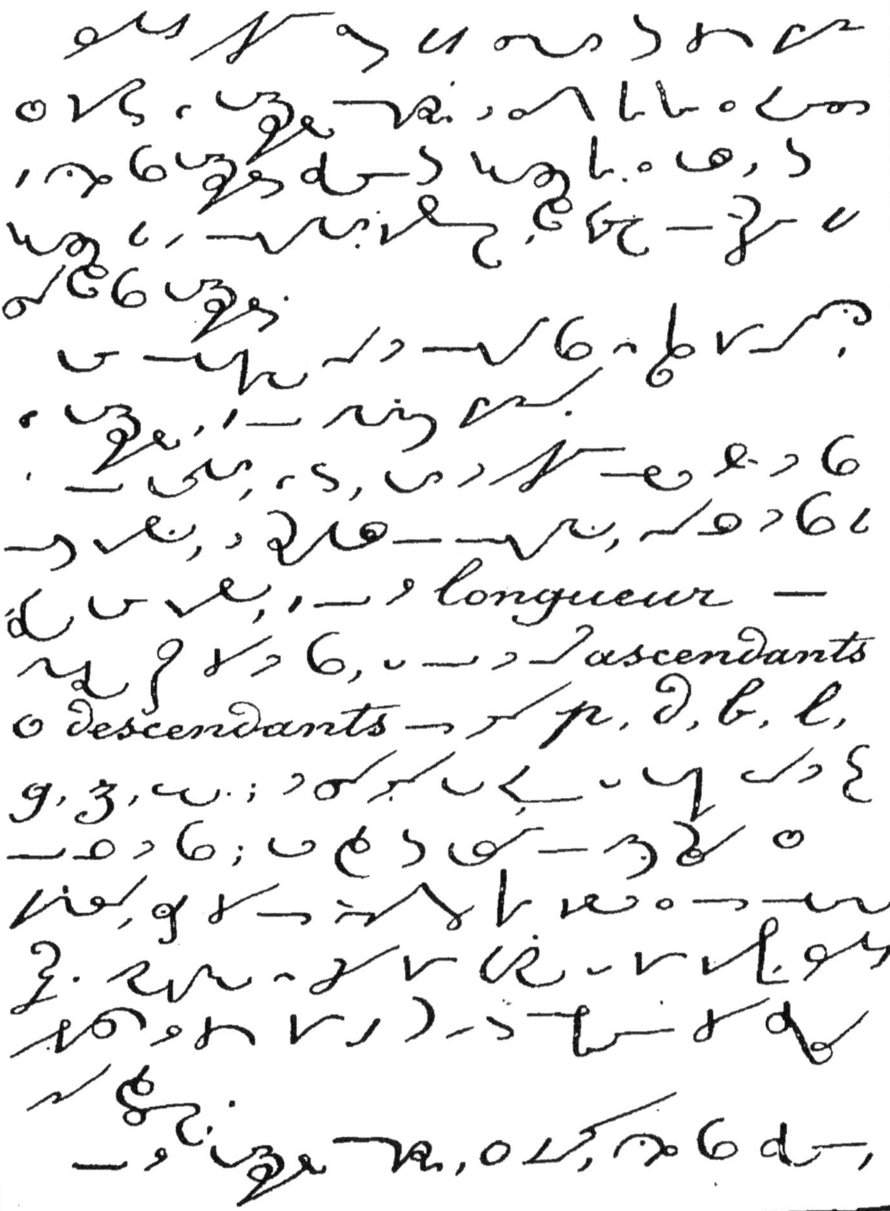

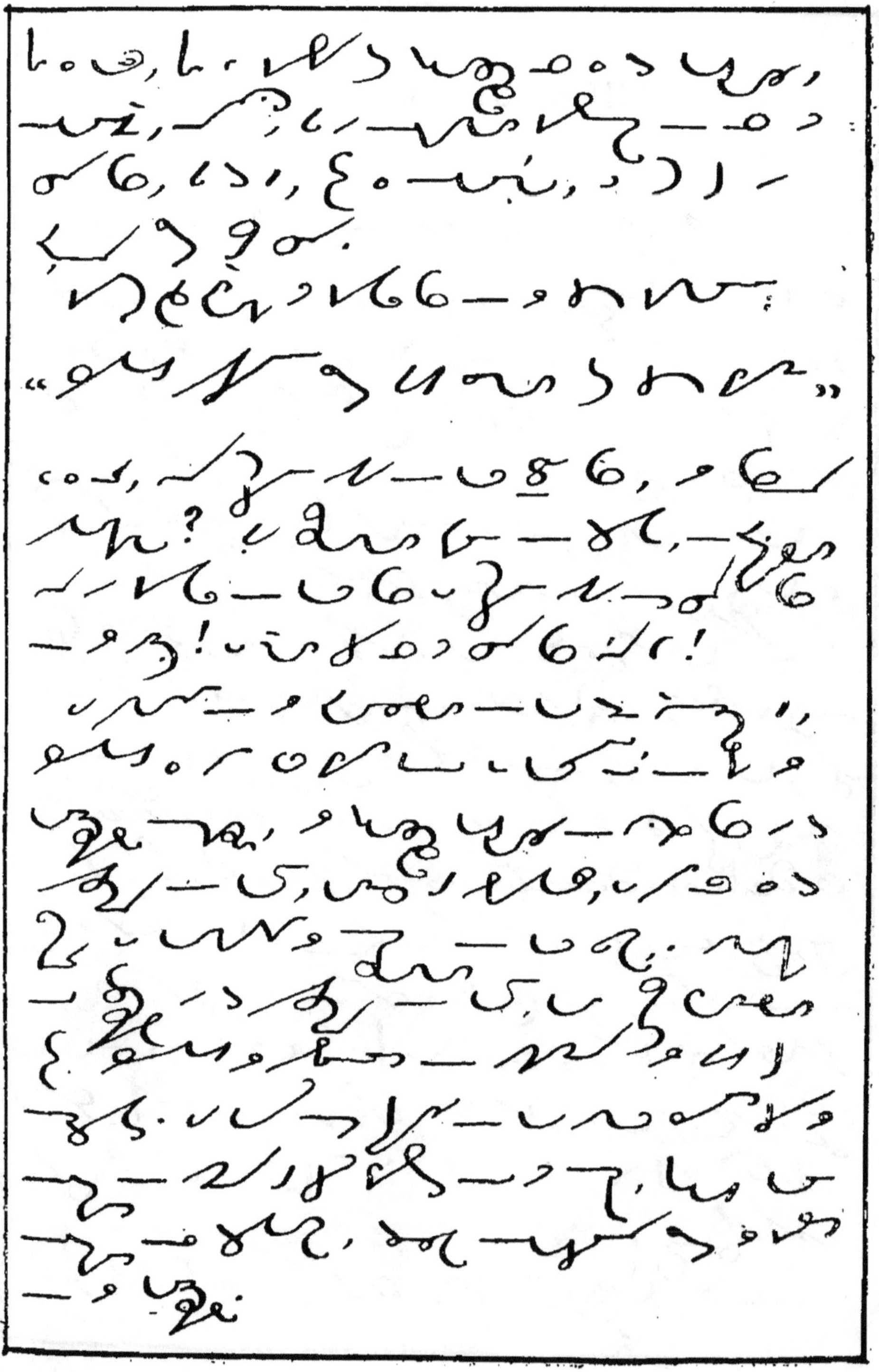

Sons terminaux

ié, iè, iu, ian, ion, iin, iun
éé, éè, ieu, éon, éan, éu, etc.

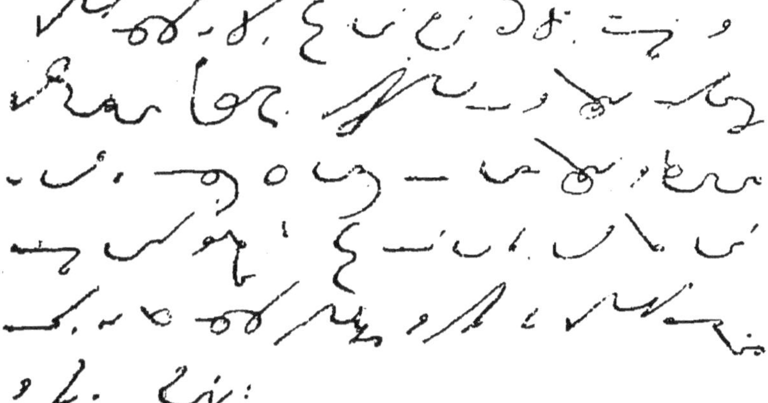

J'ai travaillé, ils travaillaient, nous travaillons, en travaillant.
Il a brillé, il brillait, c'est brillant.

Ll mouillées.

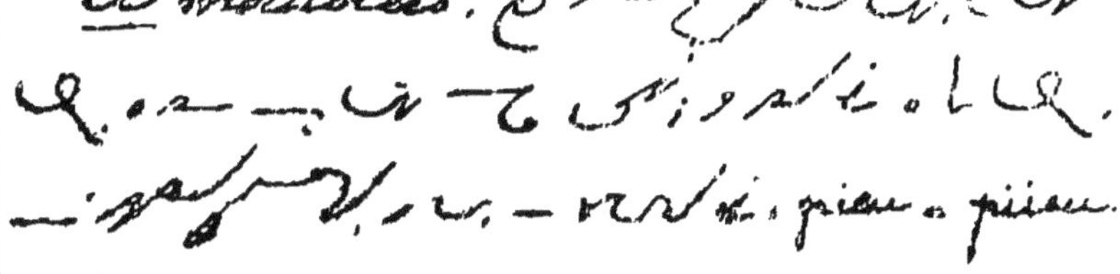

piou-piou.

Suppression habituelle

des points et des accents

sans aucun dommage pour la parfaite lisibilité de l'écriture.

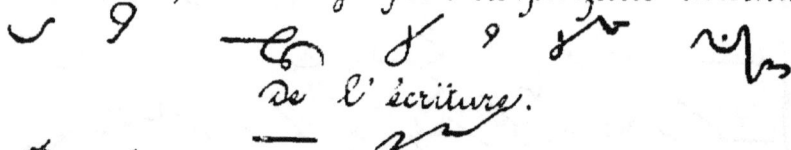

Règle : Les signes représentant i, u, ou, oa, an, in doivent toujours, lorsque cette manière de procéder ne nuit pas à la rapidité de l'écriture, se tracer en **remontant** ou en **avançant**, et les signes représentant é, è, eu, a, o, on, un doivent se tracer en **descendant** ou en **reculant**.

mots à écrire	de cette façon	et pas de celle-ci
lés ou laid		
maître		
t-il		
t-elle		
tente		
cire		
service		
aussi		
assez		
mère	 ou 	
terre		
avait		
dos		
doute		
pendant		

SUPPRESSION HABITUELLE

Des points et des accents

Sans aucun dommage pour la parfaite lisibilité de l'écriture.

Toujours, au commencement et à la fin des mots, et très souvent même dans l'intérieur des mots, les voyelles peuvent, tout en respectant scrupuleusement la grande règle qui prescrit d'éviter les angles, occuper deux positions différentes ; nous adoptons l'une de ces deux positions pour *ou, oa, i, u, an, in*, et l'autre pour *a, o, é, è, eu, on, un*, et, par suite, nous pouvons négliger l'emploi des points et accents.

RÈGLE UNIQUE

Lorsque cela **n'ajoute pas d'angle** écrire :
ou, oa, i, u, an, in, *en montant ou en avançant*  ;
a, o, é, è, eu, on, un, *en descendant ou en reculant* .

1° Pour les voyelles commençant ou finissant un mot, l'application de cette règle est toujours possible :

Édit , *aider* , *idée* , *appas* ,
honteux , *ici* , *essai* , *heure* , *hure* 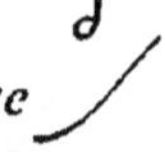.

Toutefois, les *cercles* se mettent à *l'intérieur* des lignes courbes et non pas à l'extérieur :

Achat  et non pas 
Hameau  et non pas 

2° Dans *l'intérieur des mots*, cette règle s'applique sans aucune difficulté lorsque les consonnes précédant et suivant la voyelle se joindraient sans angle, si la voyelle était enlevée:

Dot , *doute* , *dette* , *dite* , *mine* , *mène* , *sauge* , *souche*

Mais, lorsque les deux consonnes formeraient nécessairement un angle etc. les cercles *simples* se placent *au sommet de l'angle* et le *double cercle* se place à *l'intérieur de l'angle*

Quant aux voyelles représentées par des fragments de cercle (1/2 ou 1/4 de cercle), elles sont régies par le distique suivant :

1/4 de cercle arrondit angle droit, angle obtus;

1/2 cercle arrondit seulement angle aigu.

On suppose les grands demi-cercles des consonnes prolongeant en ligne droite chaque extrémité de leur signe

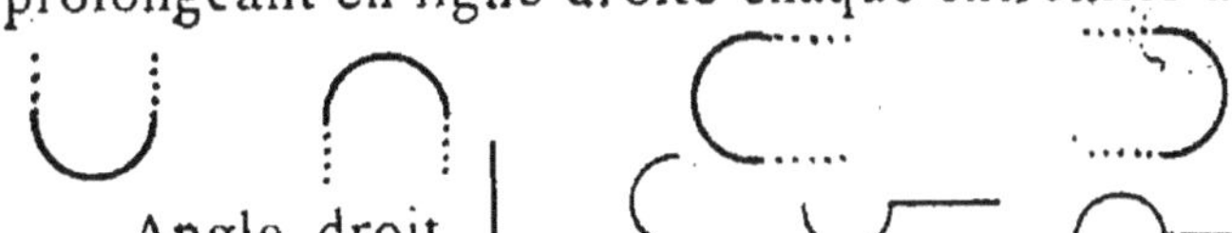

Angle droit etc.

Angle obtus etc.

Angle aigu etc.

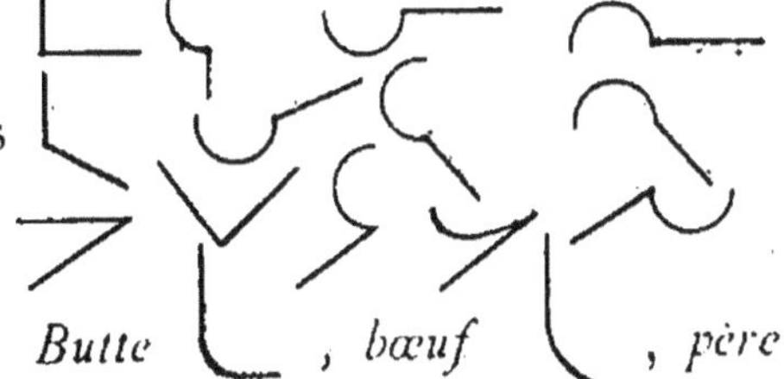

Ainsi donc *Butte* , *bœuf* , *père* *dupe* , *danse* , *dime* , *rime* *cime* , *lutte* , *cher* , etc..

NOTA. — La rencontre de deux obliques est toujours estimée donner un angle aigu.

DANS LES EXEMPLES SUIVANTS

Le premier tracé est bon ; le deuxième est mauvais

NOTA. — Le tracé défectueux a été indiqué lorsque la place l'a permis

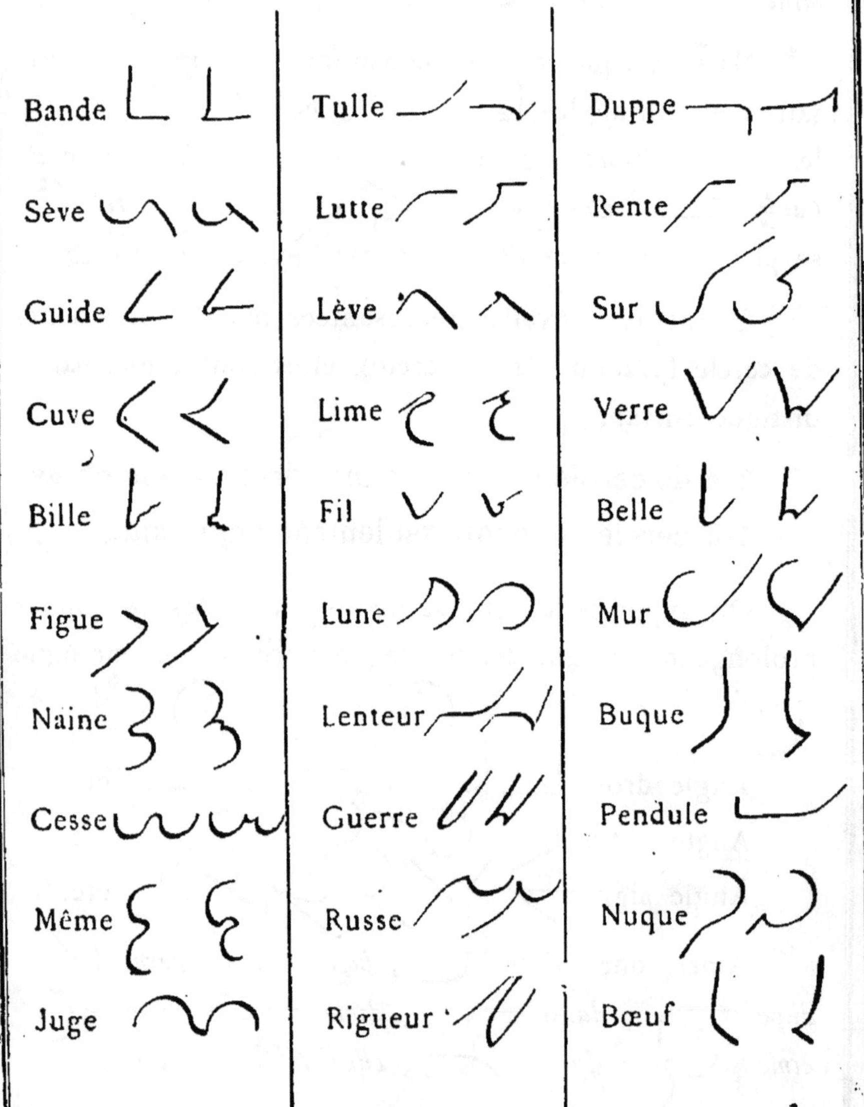

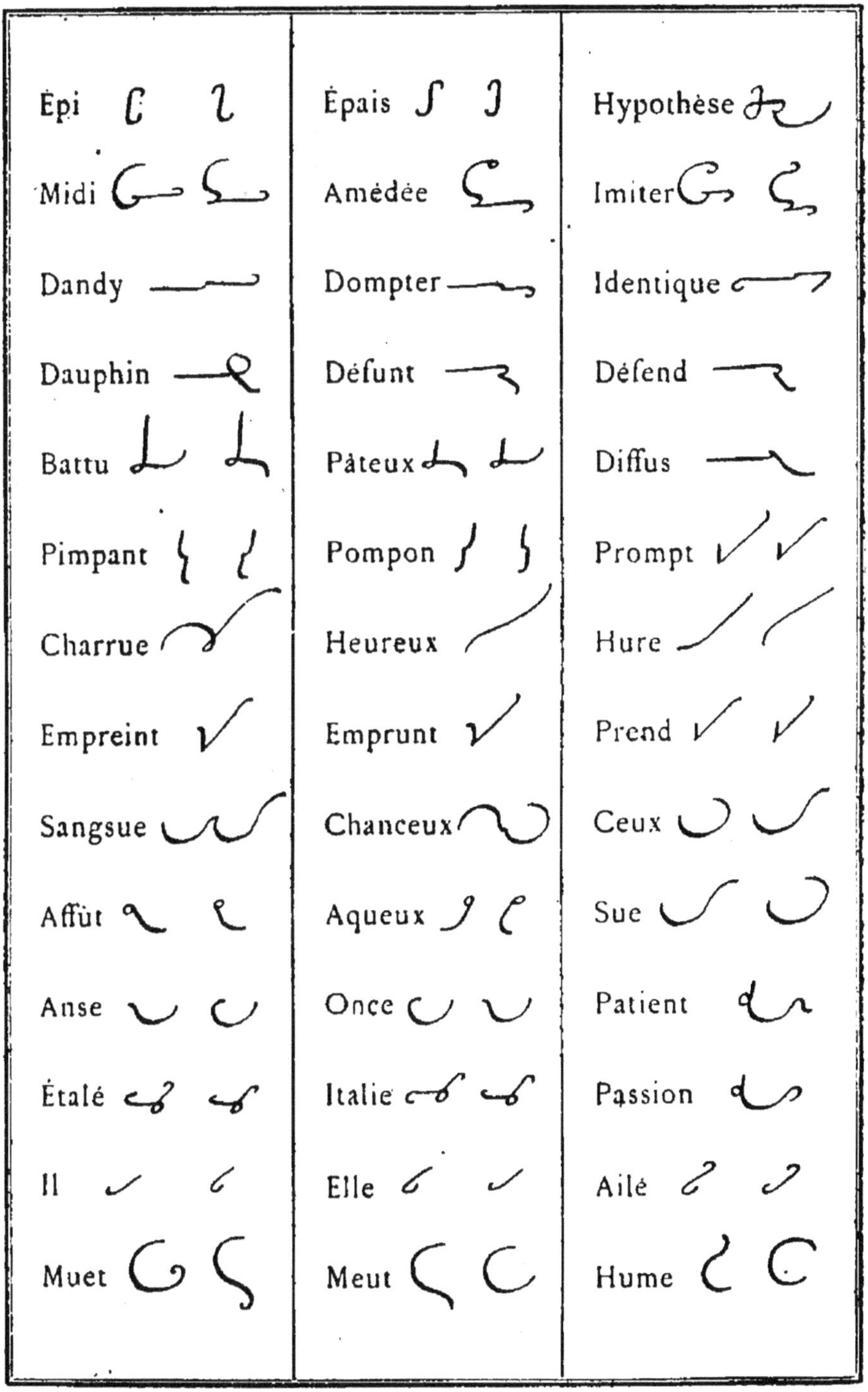

Épi	Épais	Hypothèse
Midi	Amédée	Imiter
Dandy	Dompter	Identique
Dauphin	Défunt	Défend
Battu	Pâteux	Diffus
Pimpant	Pompon	Prompt
Charrue	Heureux	Hure
Empreint	Emprunt	Prend
Sangsue	Chanceux	Ceux
Affût	Aqueux	Sue
Anse	Once	Patient
Étalé	Italie	Passion
Il	Elle	Ailé
Muet	Meut	Hume

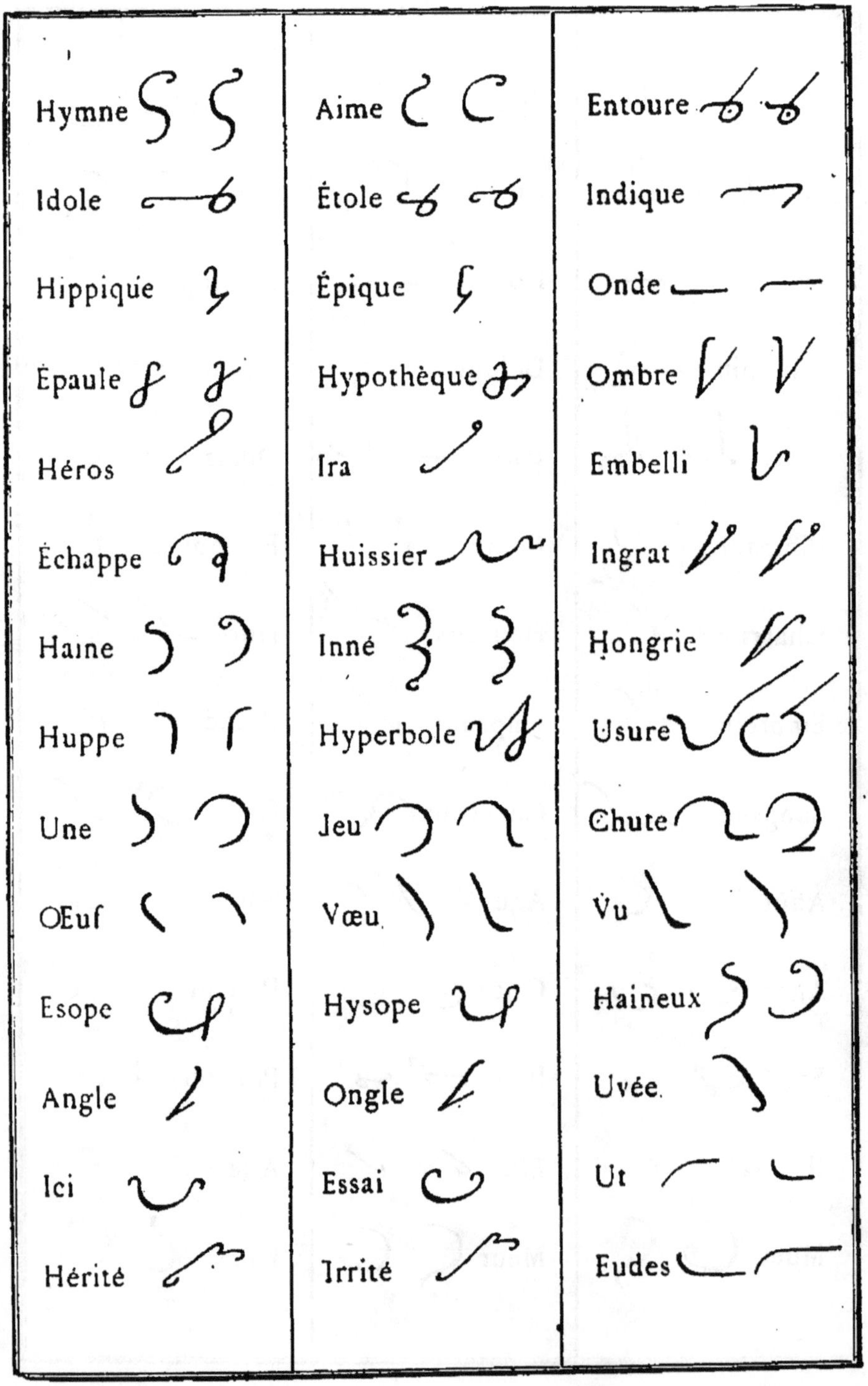

Hymne	Aime	Entoure
Idole	Étole	Indique
Hippique	Épique	Onde
Épaule	Hypothèque	Ombre
Héros	Ira	Embelli
Échappe	Huissier	Ingrat
Haine	Inné	Hongrie
Huppe	Hyperbole	Usure
Une	Jeu	Chute
Œuf	Vœu	Vu
Esope	Hysope	Haineux
Angle	Ongle	Uvée
Ici	Essai	Ut
Hérité	Irrité	Eudes

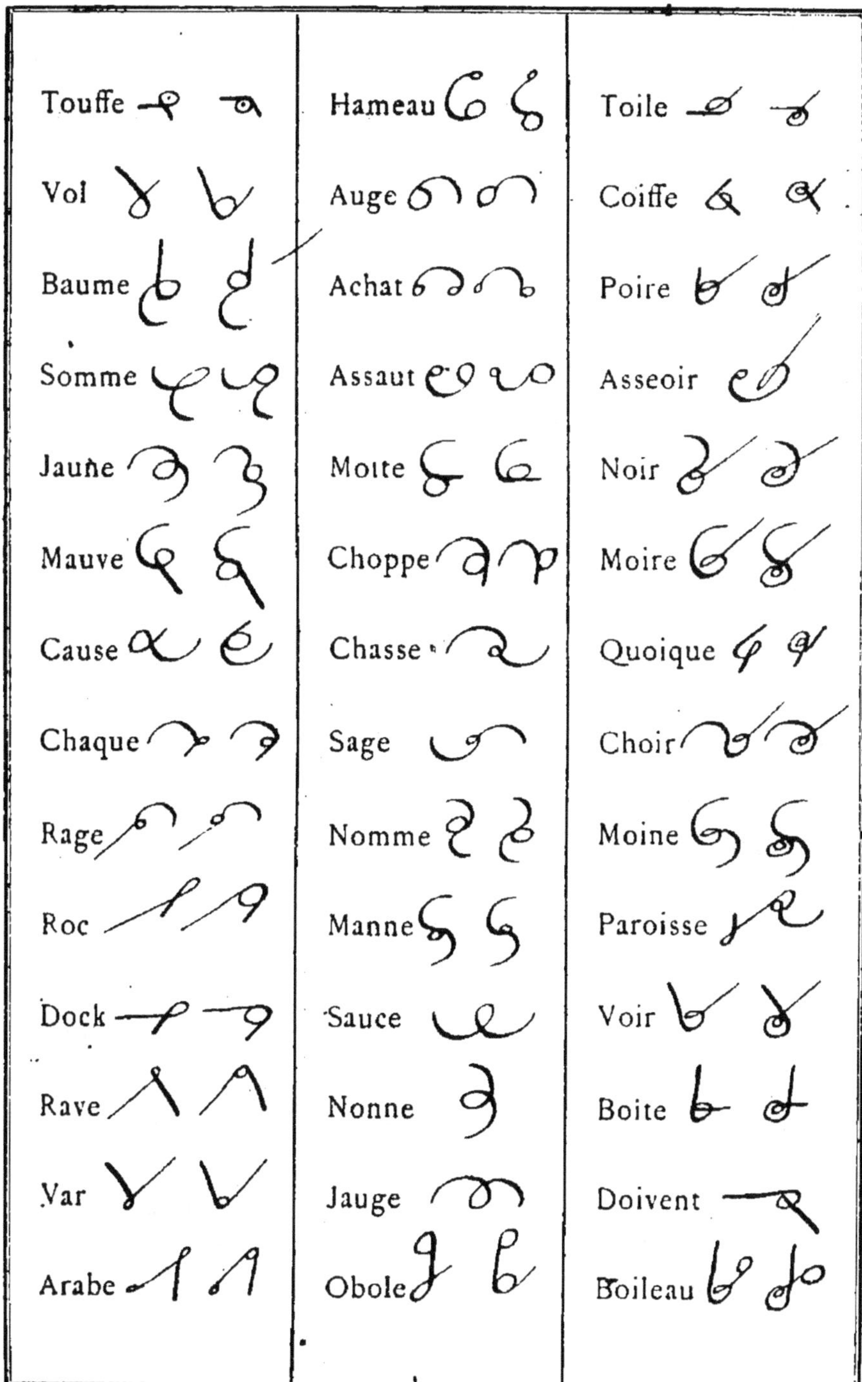
Touffe
Vol
Baume
Somme
Jaune
Mauve
Cause
Chaque
Rage
Roc
Dock
Rave
Var
Arabe
Hameau
Auge
Achat
Assaut
Motte
Choppe
Chasse
Sage
Nomme
Manne
Sauce
Nonne
Jauge
Obole
Toile
Coiffe
Poire
Asseoir
Noir
Moire
Quoique
Choir
Moine
Paroisse
Voir
Boite
Doivent
Boileau

La règle de position des voyelles permet de supprimer souvent, même le crochet de *ou* initial ou final, et l'un des deux cercles de *oa* qui, alors, est indiqué simplement par le signe de *a*.

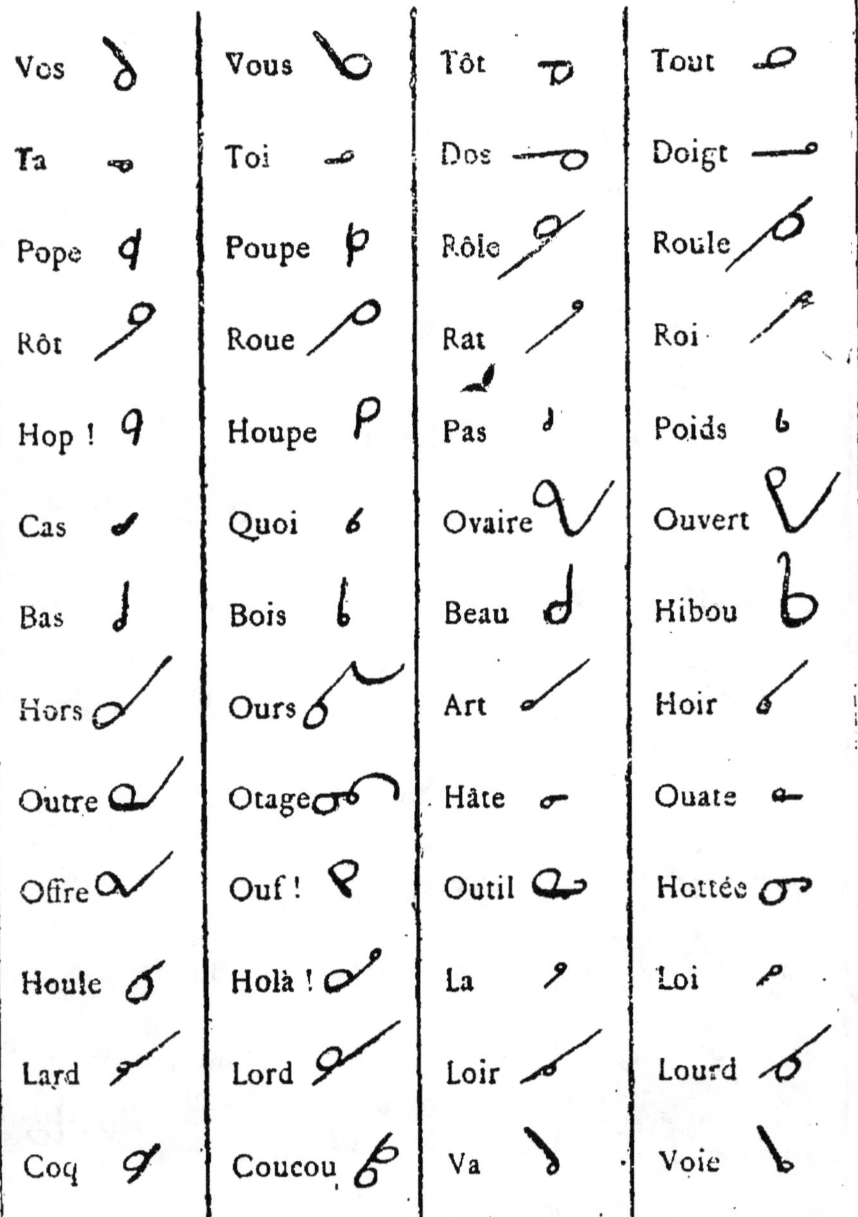

Vos
Vous
Tôt
Tout
Ta
Toi
Dos
Doigt
Pope
Poupe
Rôle
Roule
Rôt
Roue
Rat
Roi
Hop !
Houpe
Pas
Poids
Cas
Quoi
Ovaire
Ouvert
Bas
Bois
Beau
Hibou
Hors
Ours
Art
Hoir
Outre
Otage
Hâte
Ouate
Offre
Ouf !
Outil
Hottée
Houle
Holà !
La
Loi
Lard
Lord
Loir
Lourd
Coq
Coucou
Va
Voie

Lorsque la rencontre des consonnes ne forme pas d'angle

la suppression du point de *ou*, et de l'un des deux cercles de *oa* est possible.

Bassin	Boisson	Bosse	Épouse
Danois	Douane	Tonne	Antoine
Roche	Rouge	Rage	Rouage
Mode	Moudre	Matin	Moite
Sort	Sourd	Hasard	Soir
Face	Voici	Fosse	Vouziers
Jappe	Chope	Joubert	Joab
Chauve	J'avais	Joufflu	Monome
Chasse	Choisir	Chose	Sangle
Nommer	Nouméa	Manne	Moineau
Soulier	Essor	Etonne	Idoine

PARADIGME DE LA JONCTION DES SIGNES

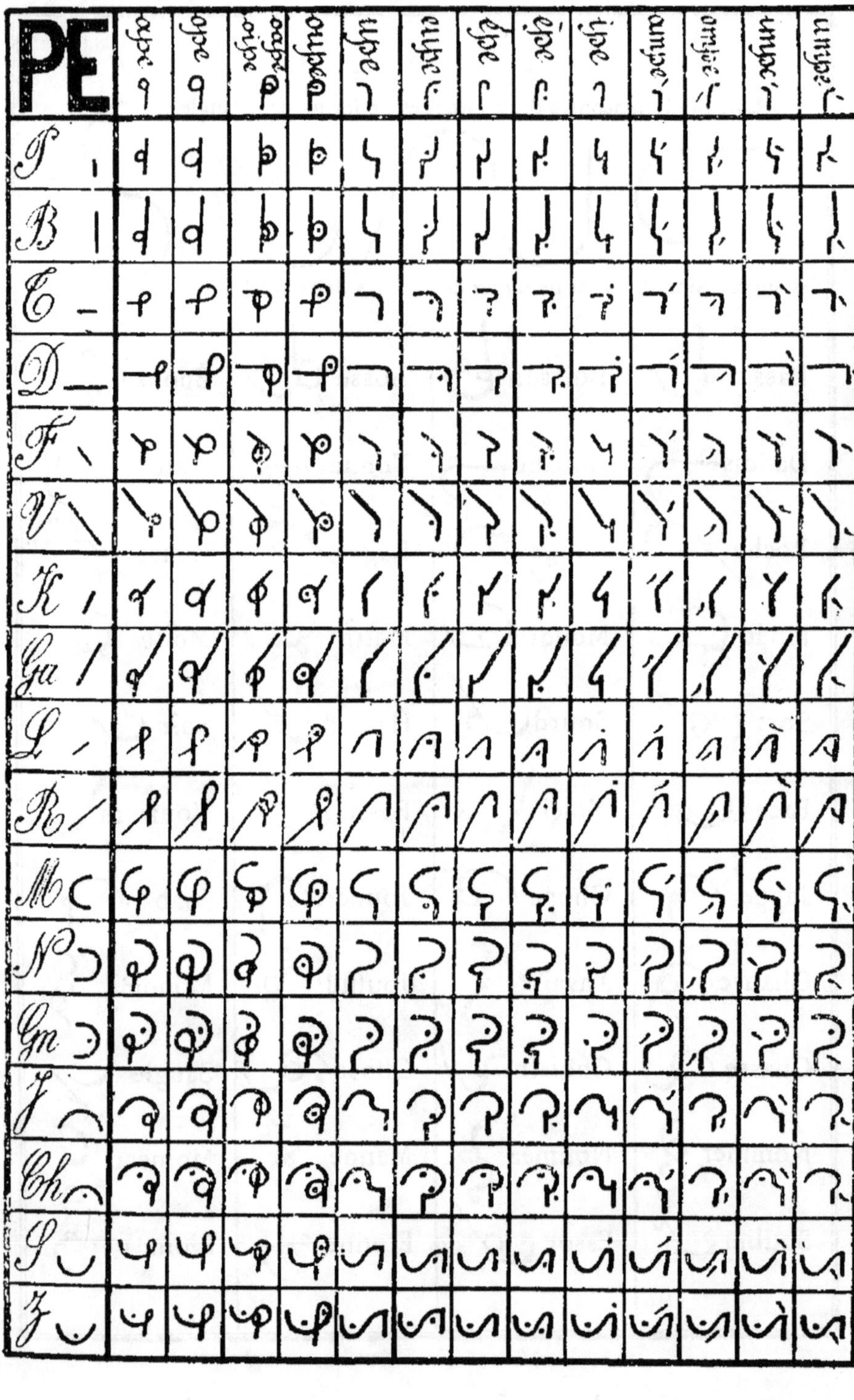

PE
P
B
T
D
F
V
K
Ga
L
R
M
N
Gn
J
Ch
S
Z

PARADIGME DE LA JONCTION DES SIGNES

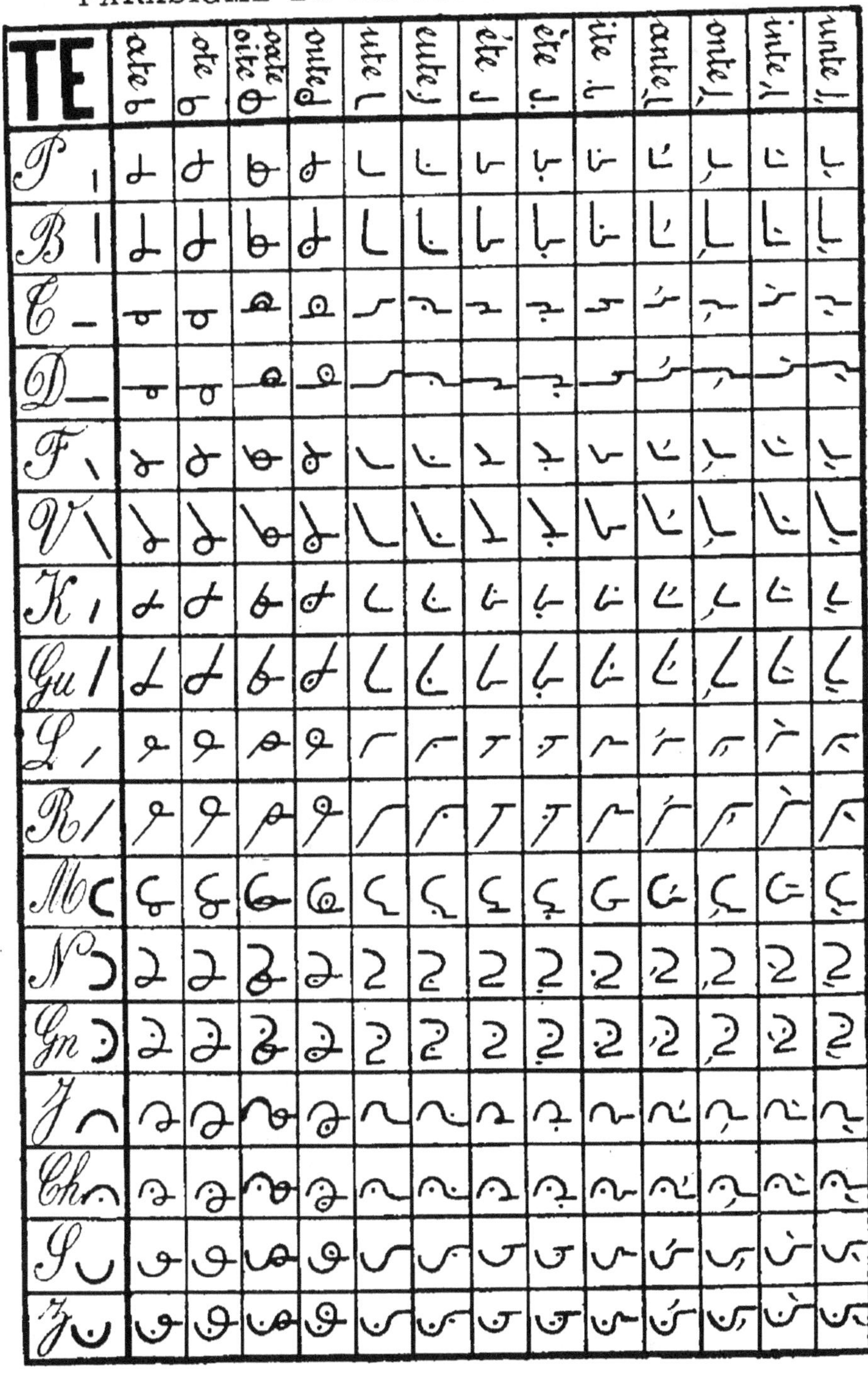

TE
ate
ote
oate
oite
oute
ute
eute
ète
éte
ite
ante
onte
inte
unte
P
B
C
D
F
V
K
Gu
L
R
M
N
Gn
J
Ch
S
Z

PARADIGME DE LA JONCTION DES SIGNES

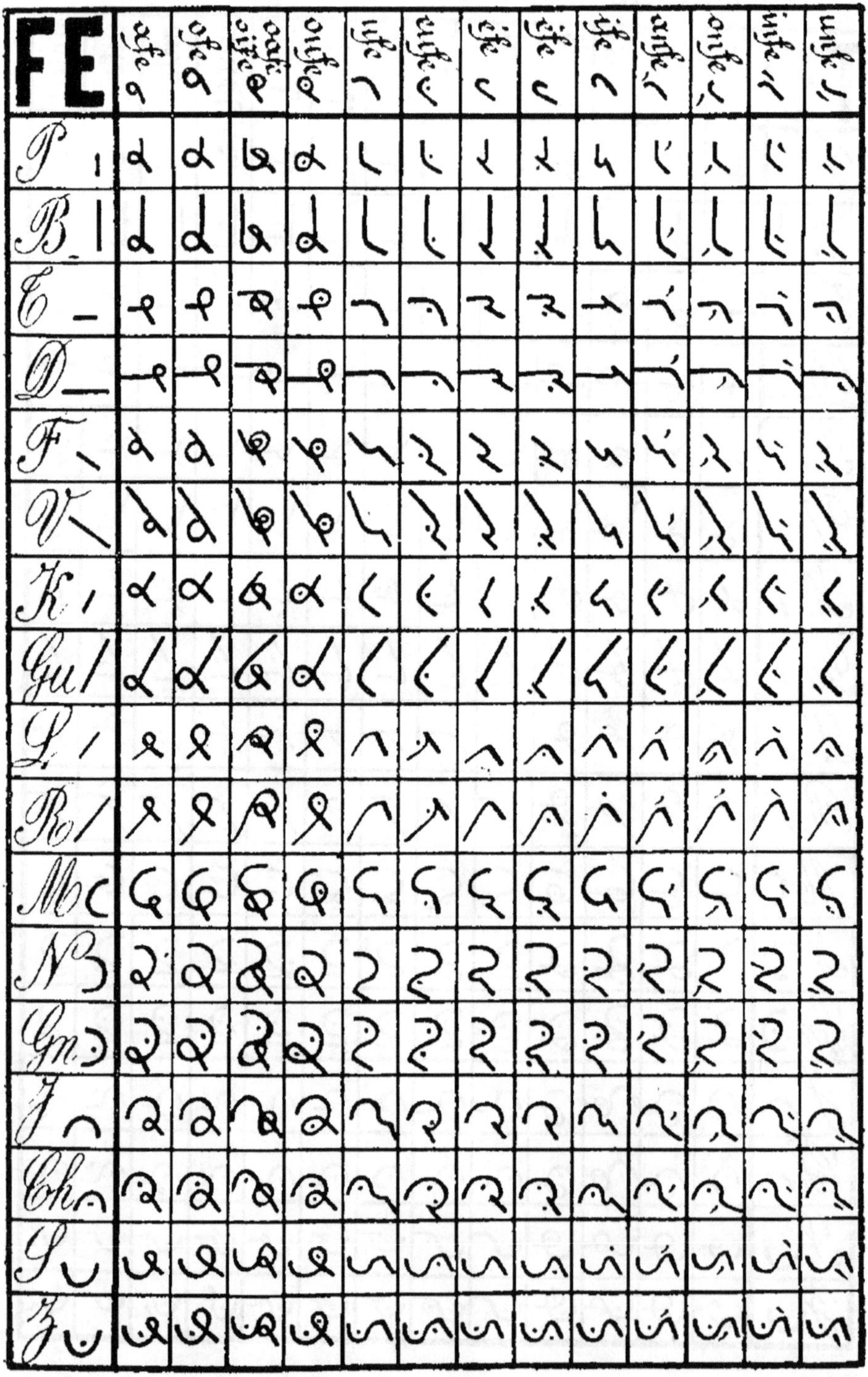

PARADIGME DE LA JONCTION DES SIGNES

PARADIGME DE LA JONCTION DES SIGNES

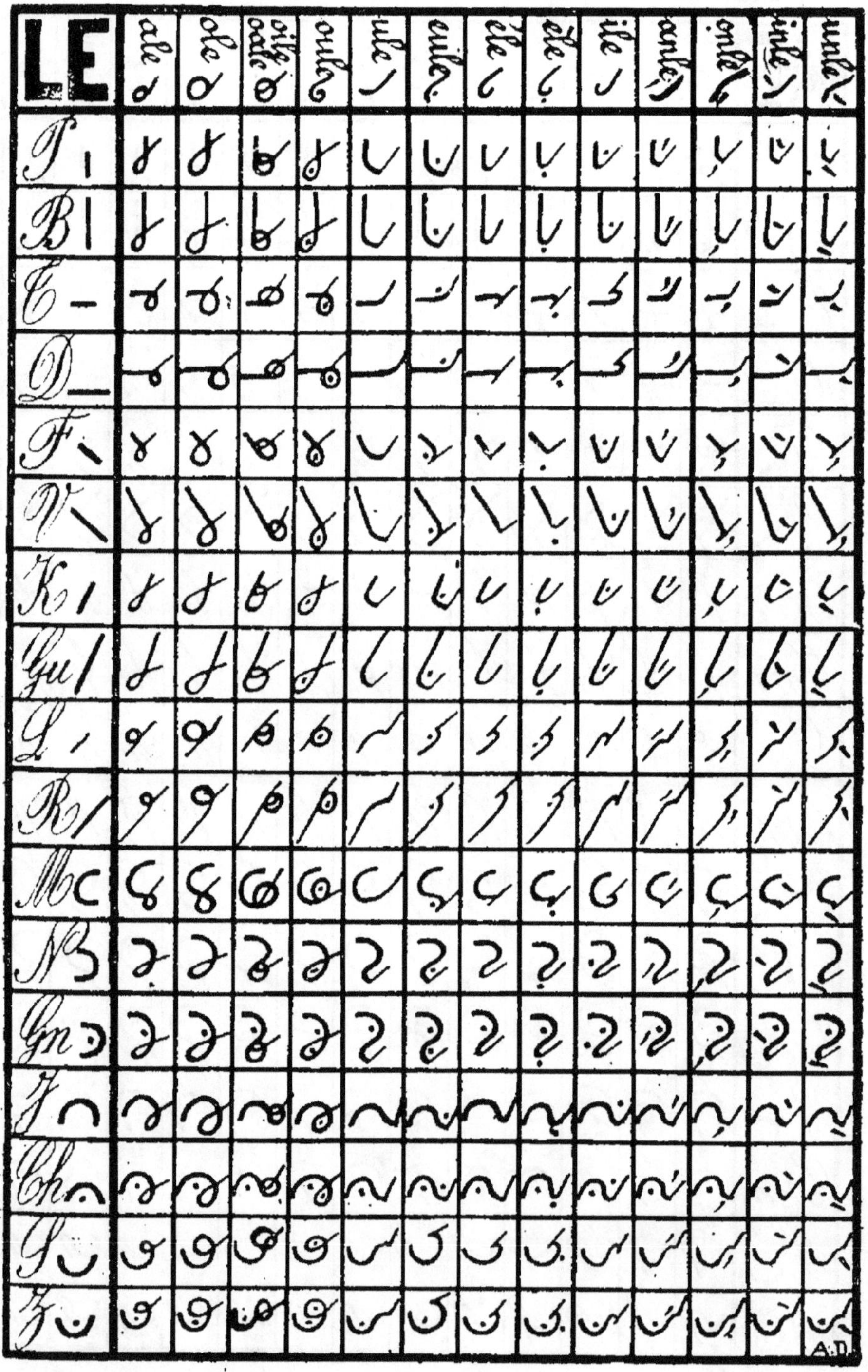

PARADIGME DE LA JONCTION DES SIGNES

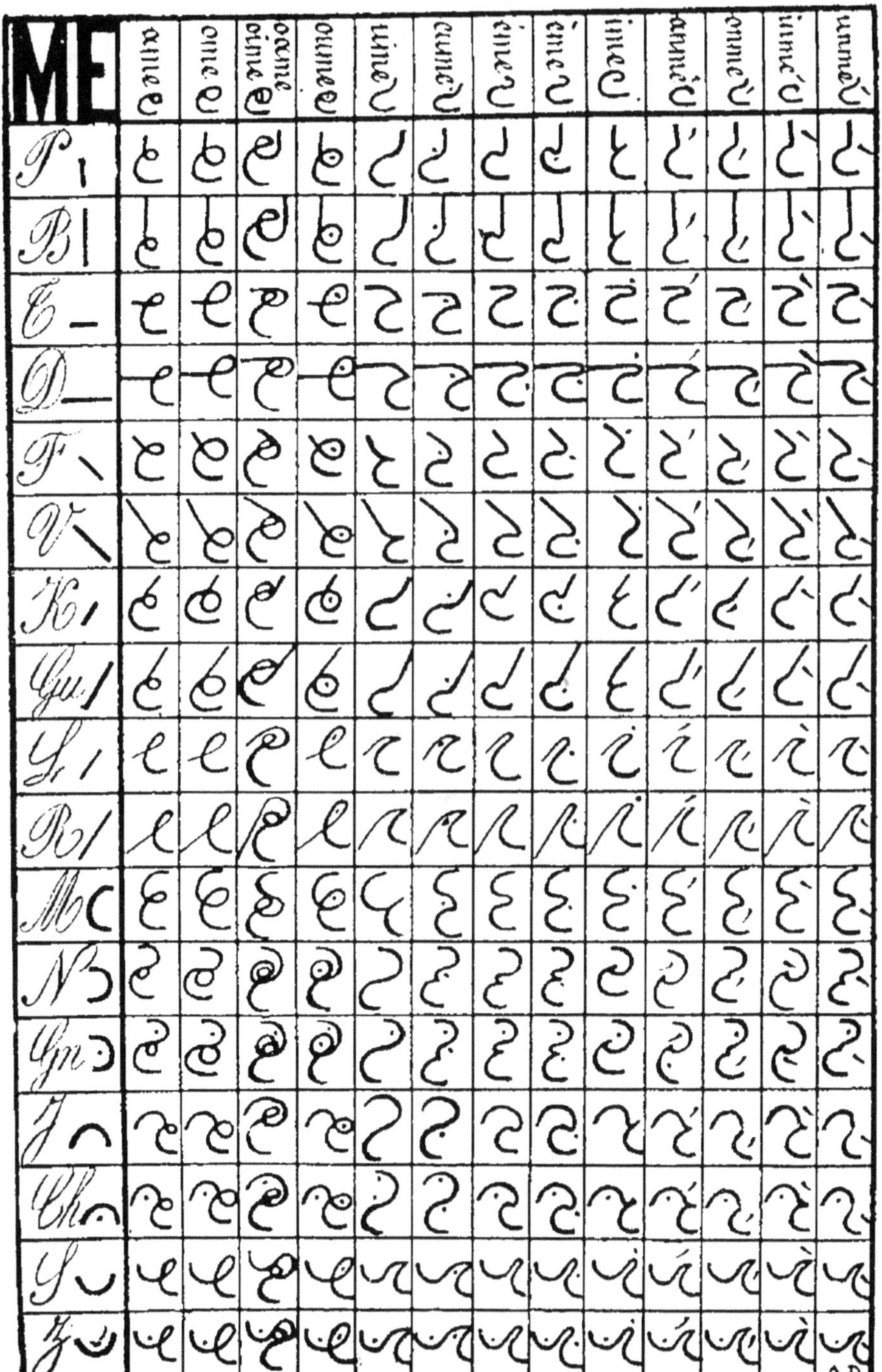

PARADIGME DE LA JONCTION DES SIGNES

PARADIGME DE LA JONCTION DES SIGNES

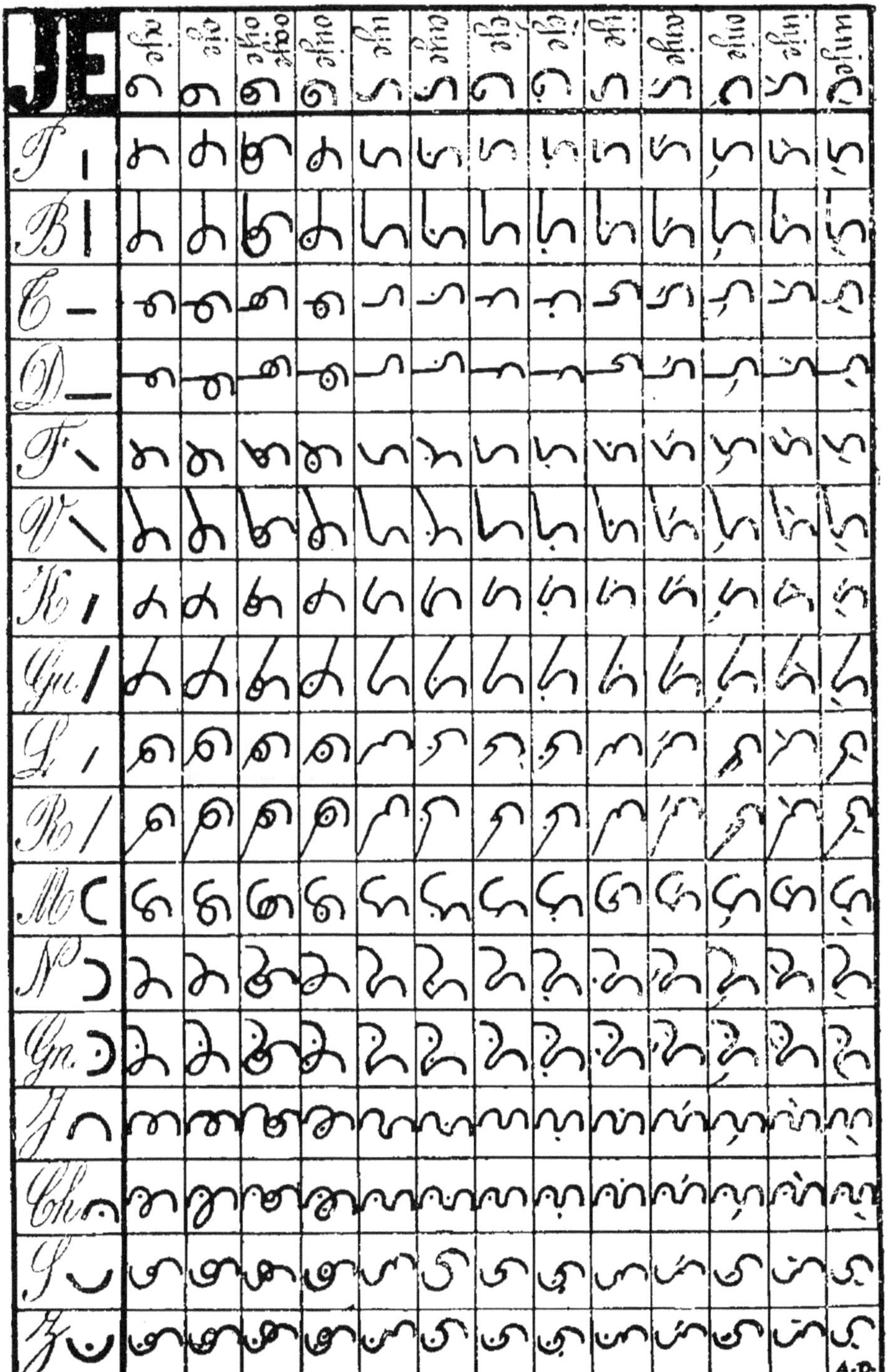

PARADIGME DE LA JONCTION DES SIGNES

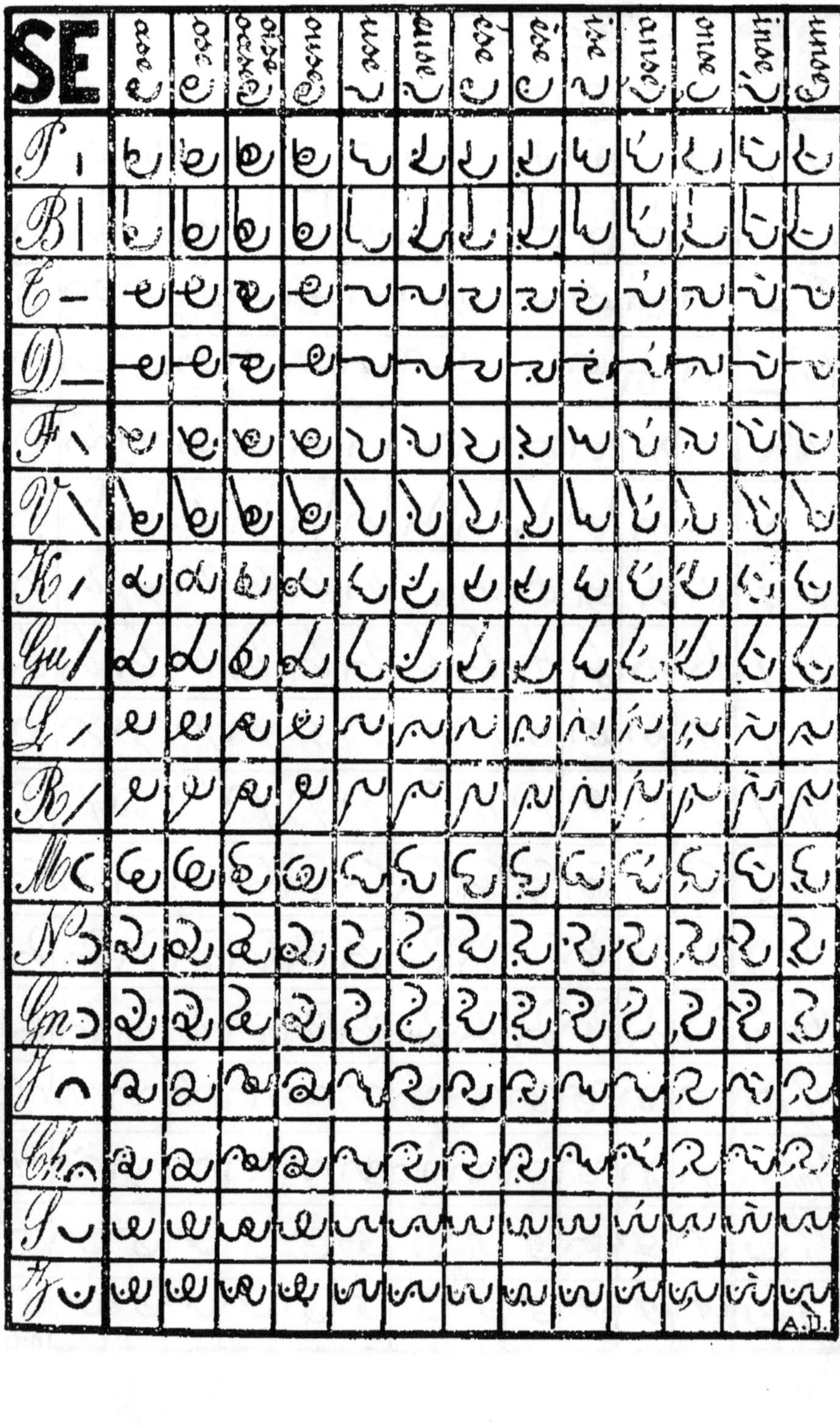

TRACÉ DES VOYELLES AU COMMENCEMENT DES MOTS

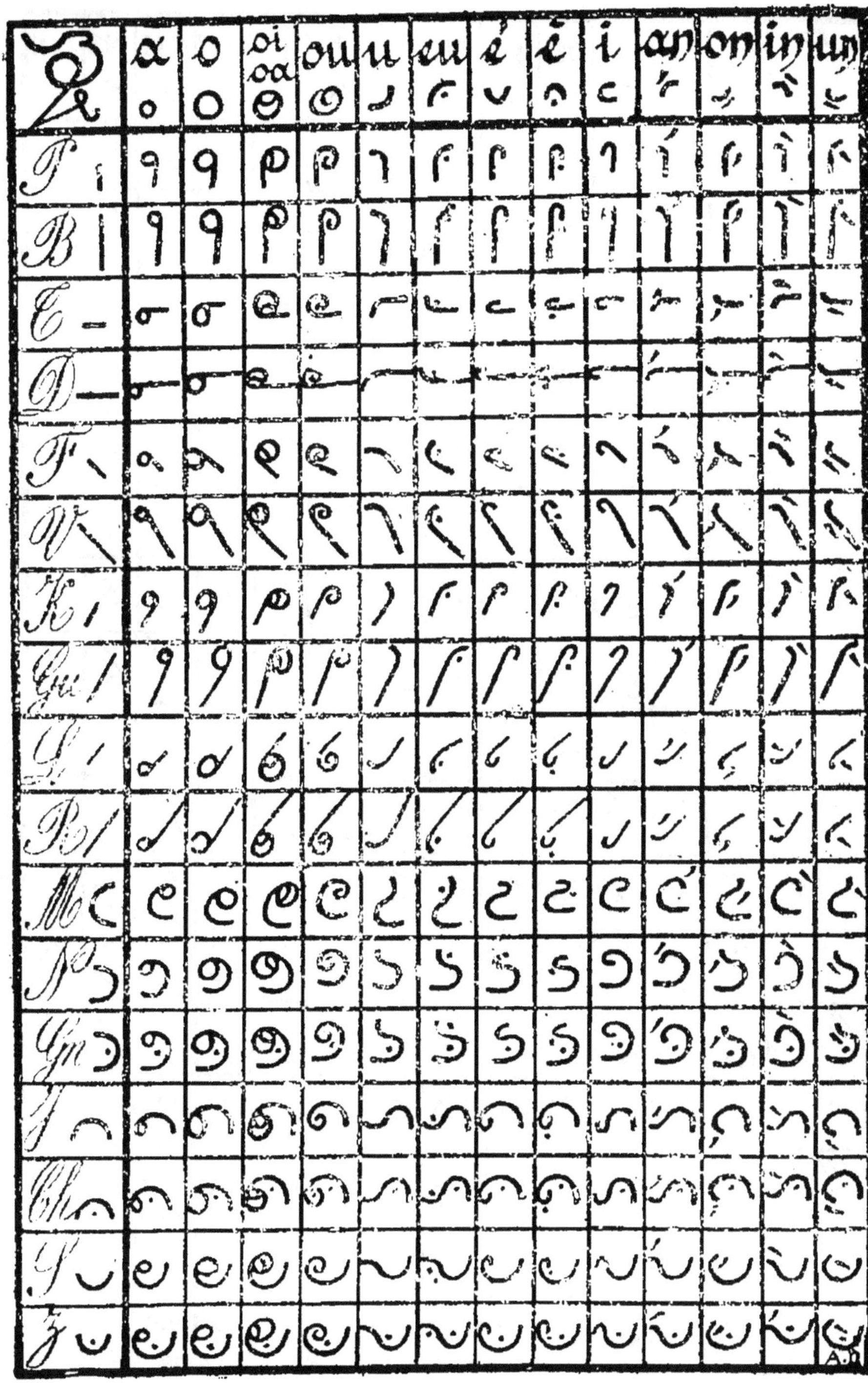

a
o
oi
oa
ou
u
eu
é
ê
i
an
on
in
un
P
B
T
D
F
V
K
Gu
L
R
M
N
Gn
J
Ch
S
Z

TRACÉ DES VOYELLES A LA FIN DES MOTS

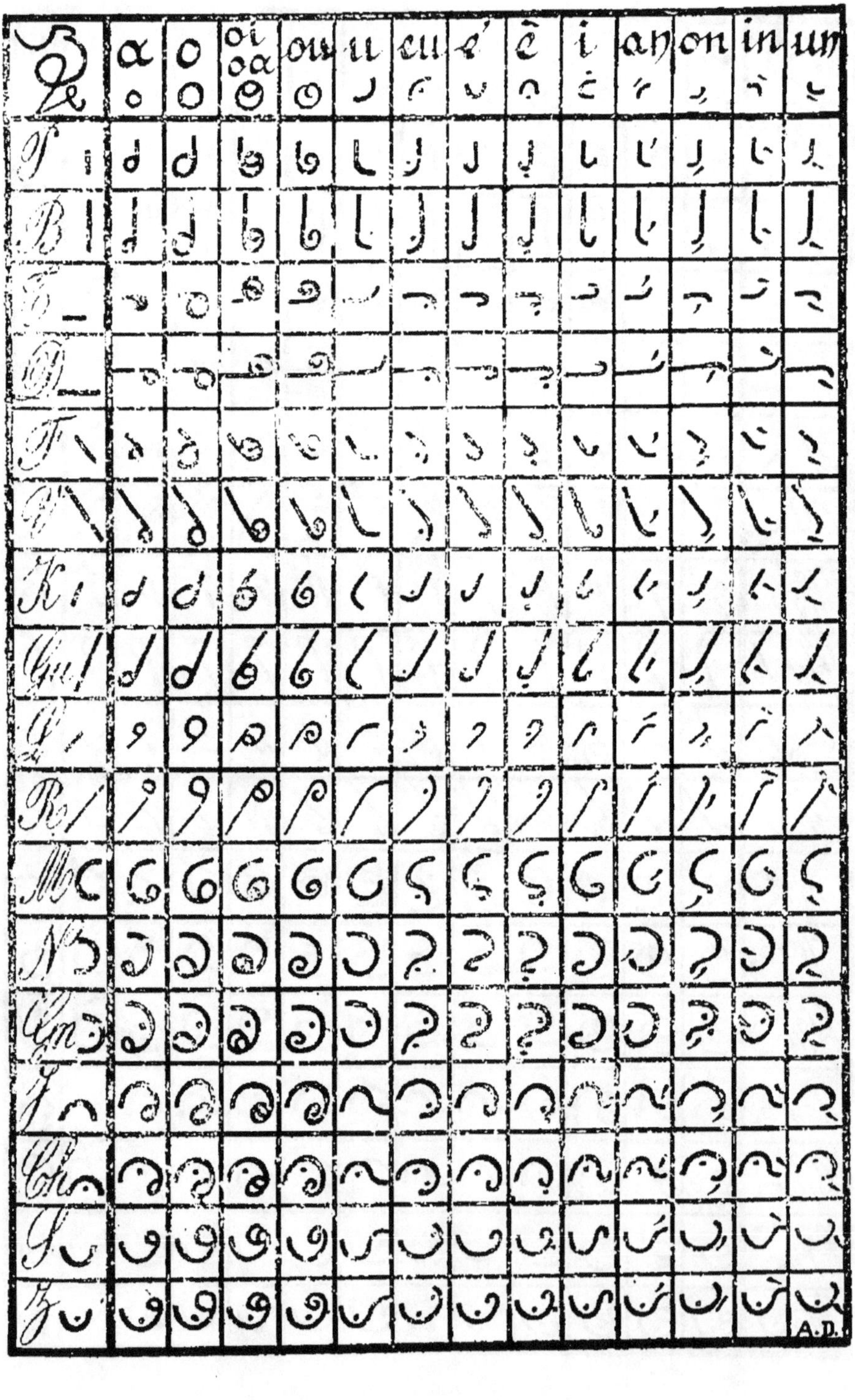

Petit Louis, blond marmot de douze ans,

Le front courbé sur un affreux grimoire,

De signes inconnus, rétifs à sa mémoire,

Etudiait le répertoire,

Et murmurait entre ses dents.

« Drôle d'invention que la sténographie!

Toujours des ronds, des traits, des arcs et des accents!

Joli coup d'œil, ma foi!.. Le diable, je parie.

La manchette en FER FORGÉ donne les mots :
L'ENFANT ET LA STÉNOGRAPHIE

Le grand diable d'enfer qui perdit nos parents,

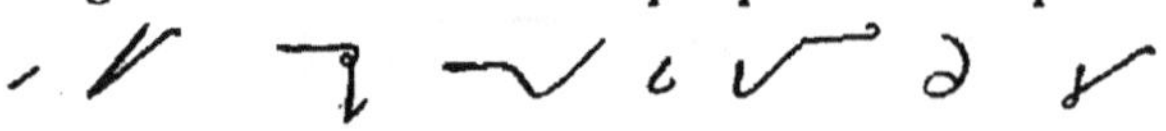

A fourré son nez là-dedans;

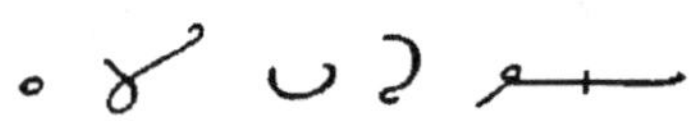

Je crois même, (Dieu me pardonne!)

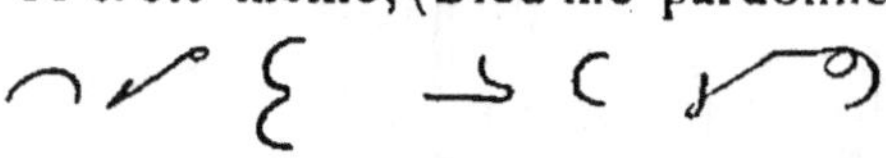

Que c'est Belzébuth en personne

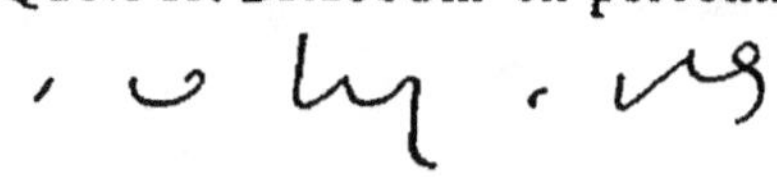

Que ce monsieur Duployé-là.

Et pourtant... et pourtant, papa

Veut que je m'applique à cela

Je demande un peu pourquoi faire?

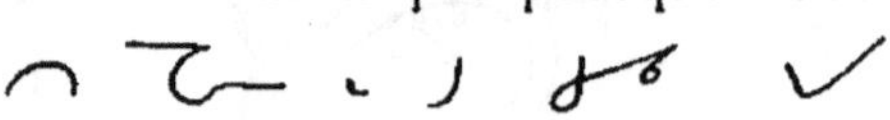

Quel besoin ai-je, enfin, plus que mon cousin Pierre

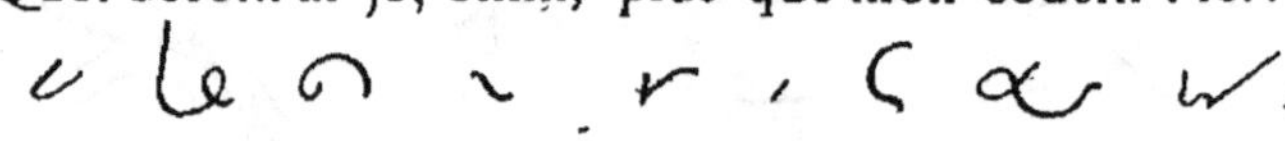

Ou que le gros Jacquot, le fils de la fruitière,

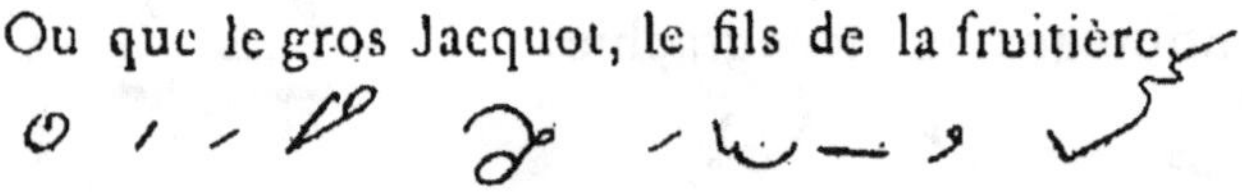

D'écrire avec rapidité?

Suffit-il pas, en vérité,

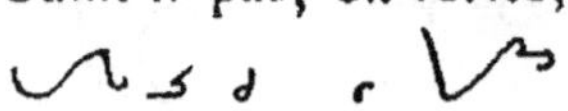

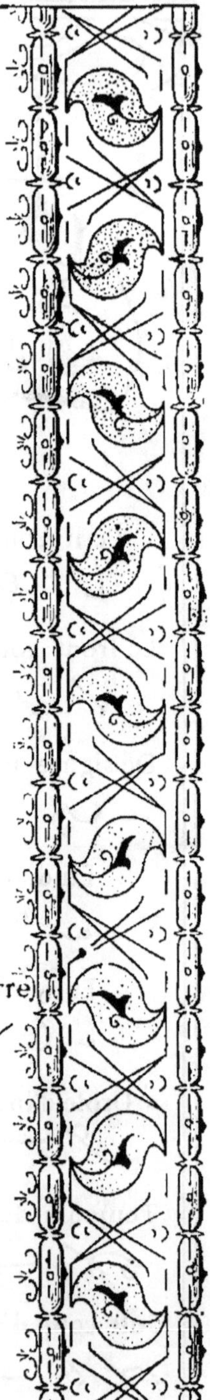

LA manchette MODÈLE DE BRODERIE, donne les mots :
LE TEMPS EST UN GRAND MAITRE

De notre écriture ordinaire,

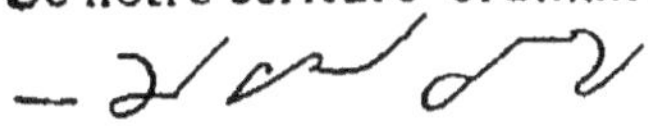

Et me dois-je par là distinguer du vulgaire? »

Ainsi disait l'enfant; et son papa,

Qui s'était caché près de là,

Souriait dans sa barbe, entendant cette plainte.

Or, c'était à la fin de la semaine sainte.

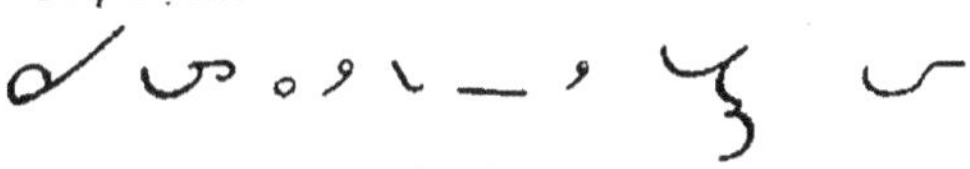

Voilà Pâques qui vient avec ses rouges œufs,

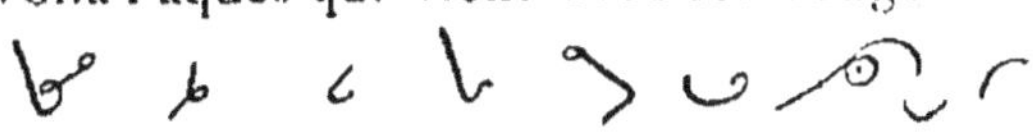

Son triple carillon qui vole jusqu'aux cieux

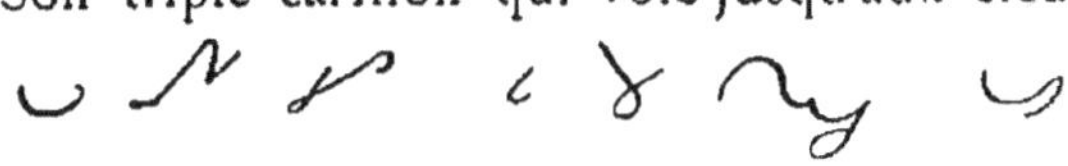

Et ses *alleluia* joyeux.

C'est grand'fête, surtout à la ville voisine,

Tous les plaisirs y sont réunis à la fois :

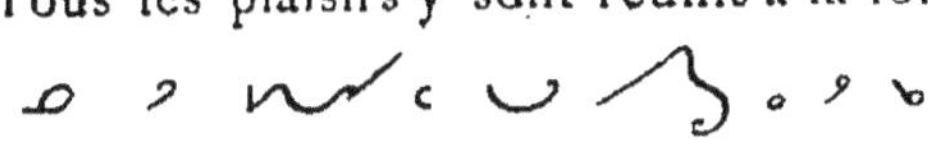

Une femme sauvage, un chien qui tambourine,

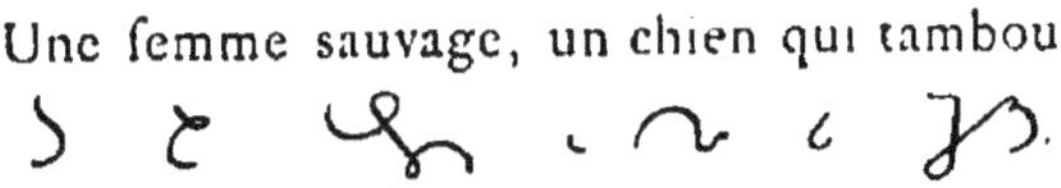

La manchette, MOTIF DE DÉCORATION, donne les mots : RAPIDITÉ, VITESSE

Des marchands de gâteaux et des chevaux de bois,

Et des tirs à la carabine,

Sans compter un pongo, qui jongle avec des noix

Et pince de la mandoline

Ce n'est pas tout encore. on annonce à grand bruit

Qu'un superbe ballon, aux abords de la nuit,

S'élancera de la grand'place,

Emportant, à travers l'espace,

Dans son voyage de hasard,

Un rival du fameux Godard.

Oh! ce ballon.. rêve de sa jeunesse!

Petit Louis en tremble de plaisir;

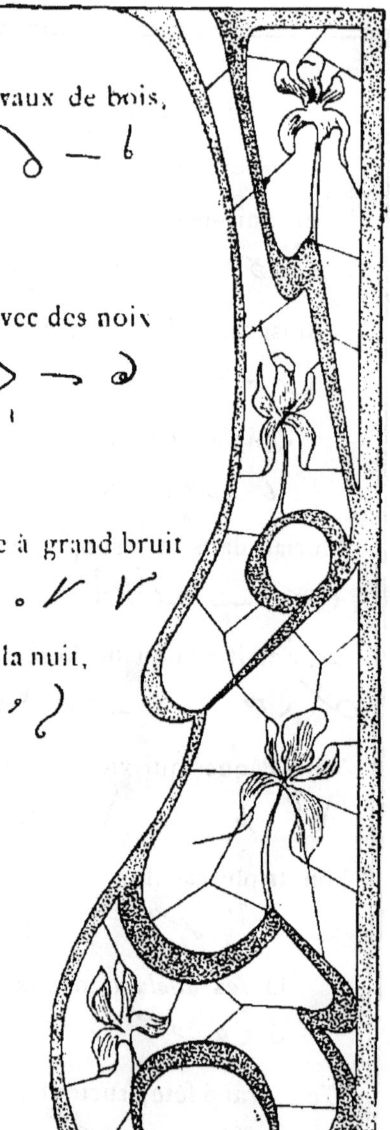

La manchette, **VIEUX VITRAIL**, donne les mots : **VIVE LA STÉNOGRAPHIE**

Bonheur prochain, dont il parle sans cesse !

Seul idéal que son esprit caresse !

Voir un ballon... et puis mourir !

« Allons, viens ! dit le père, et du jarret, bonhomme !

En deux heures de marche on peut être là-bas :

Partons — Partons ? — Eh oui ! Tu me regardes comme

Un événement ! — Mais nous ne prenons donc pas

Cocotte ? — Oh ! non, Cocotte est bien à l'écurie,

Laissons Cocotte en repos, je te prie,

Nous irons bien à pied, mon gars.

[pourquoi faire ?]

— Mais nous irions plus vite... — Eh ! mon Dieu !

Quel besoin avons-nous, plus que ton cousin Pierre,

La manchette, en FER FORGÉ, donne le mot : DUPLOYÉ

Ou que le gros Jacquot, le fils de la fruitière,

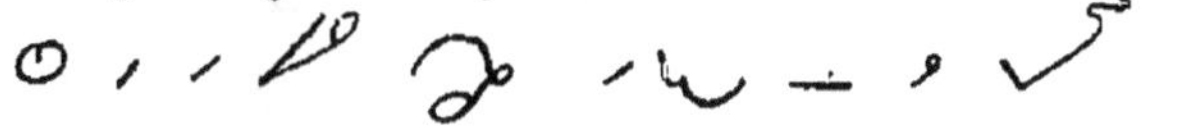

D'aller avec rapidité?

Suffit-il pas, en vérité,

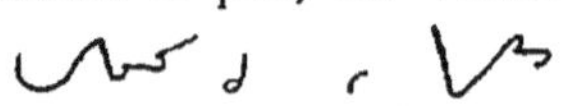

De marcher comme à l'ordinaire?

Nous devons-nous par là distinguer du vulgaire? »

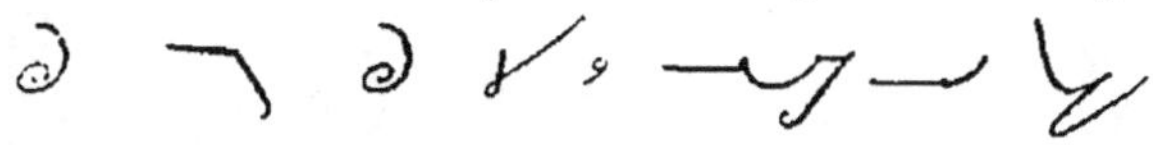

Petit Louis comprit et pleura bien un peu,

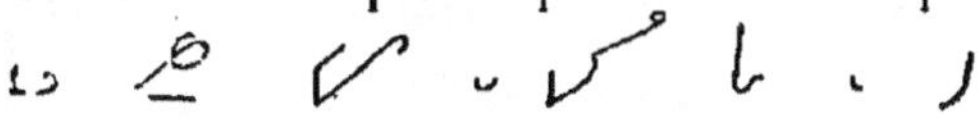

Mais le papa fut inflexible.

Force lui fut d'aller au grand soleil de Dieu

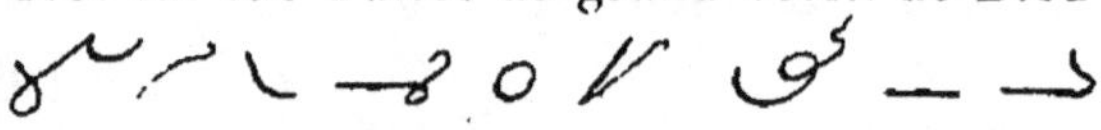

Heurtant aux durs pavés son petit pied sensible,

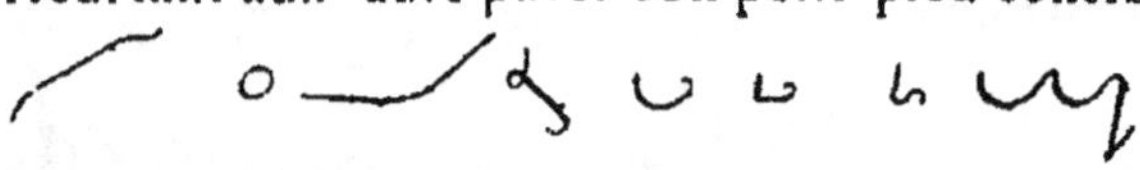

Et lorsqu'il arriva, fatigué, harassé,...

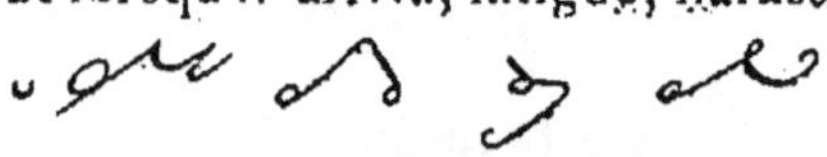

Le beau ballon était lancé

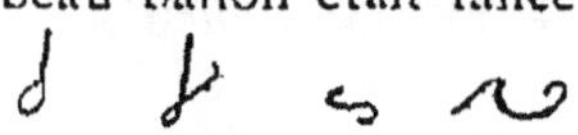

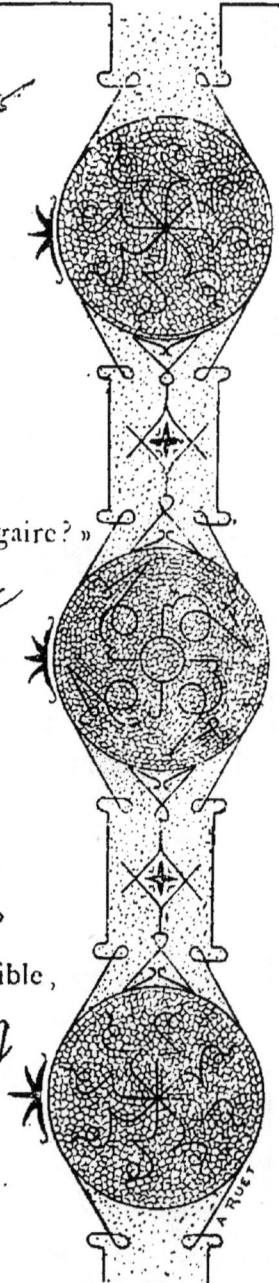

ABEL BERTHIER.

La manchette BORDURE DE RIDEAU donne les mots :
STÉNOGRAPHIE DUPLOYÉ, ÉCRITURE RAPIDE

DISCOURS

DE M. ÉMILE DUPLOYÉ

fondateur et président de l'Institut sténographique des Deux-Mondes

L'ORTHOGRAPHE APPRISE A L'AIDE DE LA STÉNOGRAPHIE, PLUS LOGIQUEMENT, PLUS FACILEMENT ET PLUS SUREMENT QU'A L'AIDE DES ANCIENS PROCÉDÉS.

Mesdames, Messieurs,

Le grand but de l'instruction primaire, en France, est de former avec les enfants qui lui sont confiés, des machines à orthographe.

Cette assertion ne provoquera, j'espère, aucune protestation : en effet, quand on veut se rendre compte du but que poursuit un homme ou une institution, on tâche de connaître le genre d'occupations auquel s'adonne principalement cet homme ou cette institution ; si une personne consacre presque toutes ses journées à l'étude de l'allemand, non seulement on pourra, mais on devra dire que cette personne se propose surtout et avant tout de connaître l'allemand ; une institution qui ferait employer la plus grande partie du temps à l'étude de la géographie voudrait évidemment former des géographes.

Or, pendant les trois, quatre années que l'enfant passe à l'école, à quoi l'applique-t-on presque continuellement ?

Dans les premiers temps il étudie, et cela du matin au soir, les lettres séparées, afin de pouvoir les grouper : plus tard, il consacre au moins les trois quarts du temps des classes à l'étude de l'orthographe. Avec les idées actuellement reçues, il faut bien qu'il en soit ainsi : on vous pardonnera d'ignorer l'histoire, la géographie, les mathématiques ; on ne vous pardonnera pas d'ignorer l'orthographe ; si vous ne connaissez pas l'orthographe, vous n'êtes plus un homme ; et lorsqu'une personne adresse une supplique pour occuper une position, quand même elle apporterait les raisons les plus péremptoires, si quelques fautes d'orthographe se sont glissées dans sa lettre, sa cause est perdue. Arrière ! arrière le pestiféré ! Il ne connaît pas l'orthographe ! Que peut-on faire de lui !

De par la pression de l'opinion publique, l'instruction primaire est donc obligée de faire, avec les enfants qu'on lui confie, avant tout, par-dessus tout, des machines à orthographe.

Je ne crois pas que le temps soit venu (1) d'attaquer cette funeste manie, cette déplorable aberration qui réduit presque l'instruction à la connaissance du groupement des lettres d'après certaines règles plus ou moins fantaisistes, ou même d'après les caprices de l'usage, de la mode !

---

(1) Ne pas oublier que ce discours a été prononcé en 1875. Depuis, l'idée a fait son chemin.

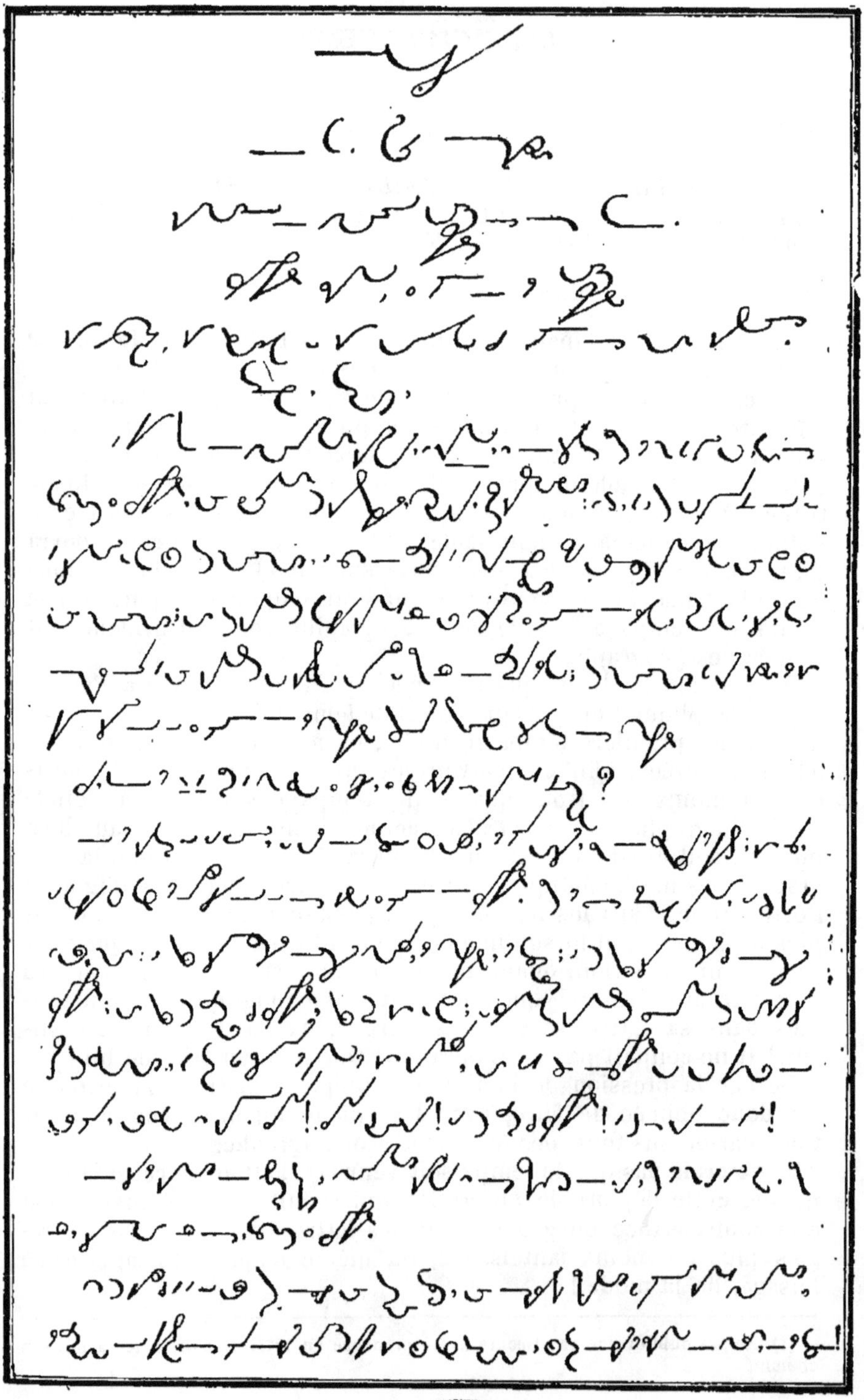

Un peuple nous a devancés dans cette voie : les Chinois. Le *summum* de l'instruction chez eux, c'est de connaître une multitude de groupements de signes; plus on en connaît, plus on est réputé savant, plus on obtient de diplômes. Aussi les Chinois, depuis de longs siècles, n'ont fait aucun progrès dans les sciences proprement dites ; ils en sont toujours au même point.

La France, hélas! n'a guère à envier sous ce rapport aux Chinois : si, dans la langue française, chaque mot n'a pas une physionomie tout à fait spéciale, qui ne se rattache par aucun lien aux mots exprimant le même genre d'idées, en revanche, le français a je ne sais combien de manières différentes de représenter le même son : O s'écrit de 44 manières différentes ! É de 61 (1) ! On voit que notre civilisation peut, sous ce rapport, presque lutter avec celle des Chinois. Oserait-on affirmer que nous ne sommes pas toujours à peu près au même point à l'égard des sciences maîtresses, des sciences proprement dites, du droit, de la théologie, de la philosophie ? Nous avons fait des progrès dans les sciences naturelles ; mais ne sommes-nous pas au-dessous des siècles de saint Thomas d'Aquin, de Bossuet, de Pascal, sous le rapport des grandes sciences dont j'ai prononcé les noms ?

Et qu'on ne dise pas que ces grands hommes étaient, au point de vue de la langue, dans les mêmes conditions que nous ! Non ! l'ancien français surtout était une langue d'étymologie latine, et la langue de la science, à ces époques, c'était le latin, et tous les hommes studieux d'alors savaient facilement le français parce qu'ils connaissaient à fond le latin.

Cette langue, dont la prononciation est en si parfaite harmonie avec l'écriture, était le chêne vigoureux et immobile qui portait notre jeune français, plante vraiment parasite comme le lierre, le nourrissait, même dans tous les écarts de sa course un peu vagabonde déjà, et lui permettait, malgré ses attardements et ses hésitations, d'arriver haut dans les airs. Aujourd'hui en est-il de même ? Le tuteur fait défaut ; le lierre est à terre ne sachant plus où s'accrocher.

Heureusement que, dans ces conditions d'infériorité incontestables où nous nous trouvons, le bon sens français a commencé à réagir contre cette funeste tendance de l'orthographe conventionnelle; même de l'orthographe étymologique à tout prix et par-dessus tout ; heureusement qu'il s'est révolté contre la prétention de certains savants de vouloir rendre notre langue toujours de plus en plus orthographique. Déjà bon nombre de mots ont rapproché leur forme graphique de leur forme phonétique : *épître*, qui s'écrivait *épistre*, est devenu *épître* avec accent circonflexe, puis *épitre* tel qu'on le prononce ; on écrit *Français* au lieu de *François;* tous les imparfaits de tous les verbes ont subi cette modification, ce rapprochement de l'écriture avec la prononciation.

---

(1) Dans cette édition, nous constatons 68 variantes pour le son O et 83 pour le son É.

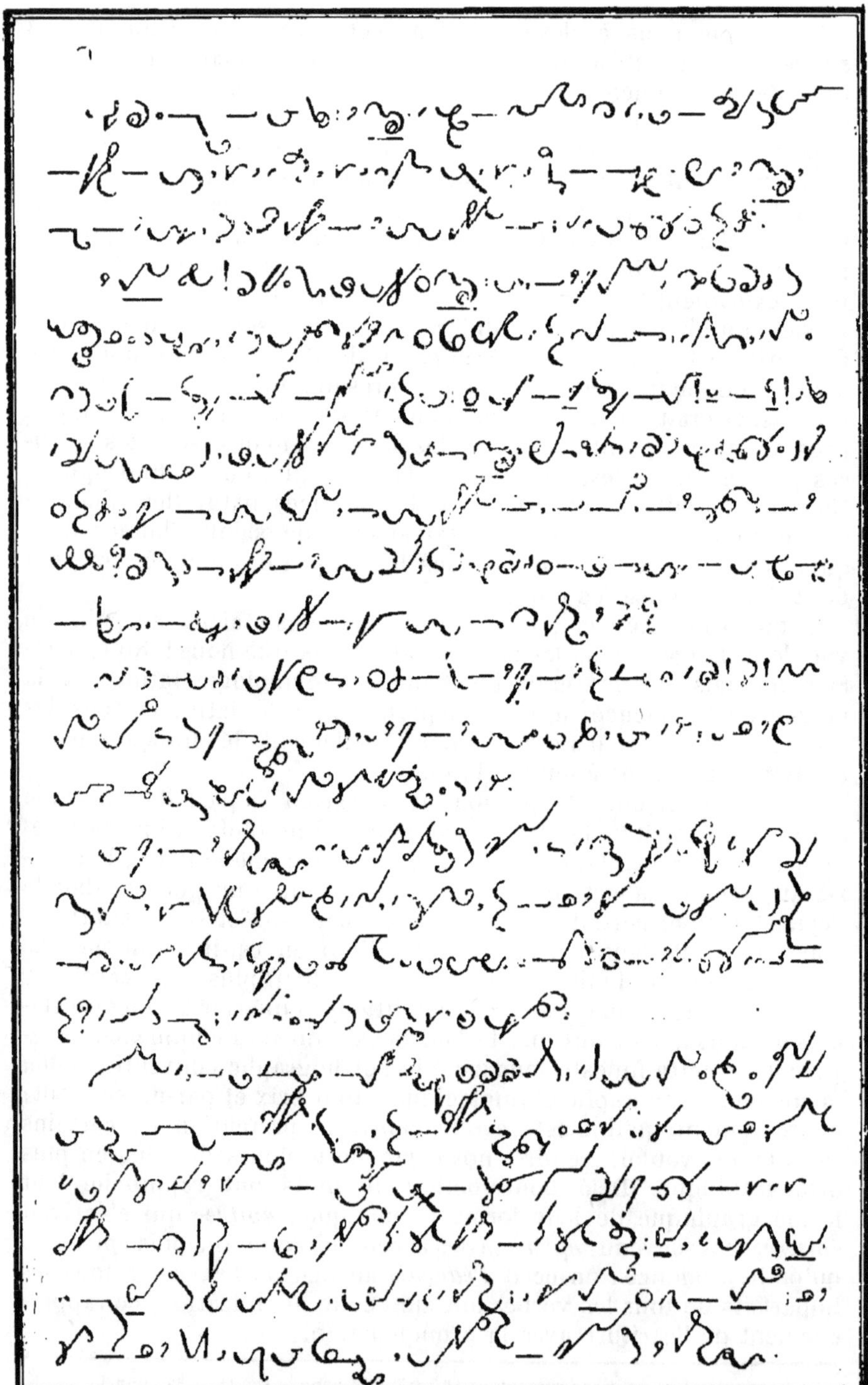

Adorateurs serviles de l'orthographe, prenez garde! je vous saisis en flagrant délit de progrès! car je ne suppose pas que votre rage pour ce que vous appelez *orthographe* aille jusqu'à vouloir nous ramener à l'ancien mode d'écrire, contre lequel, cependant, le nouveau est une insurrection. Alors pourquoi nous interdire de continuer ce que vous reconnaissez bon, ce que vous avez sanctionné par votre adhésion ?

L'instruction, il faut bien le reconnaître, est tout à fait indépendante de tel ou tel système d'orthographe ; l'orthographe n'est qu'une affaire de convention qui n'influe en rien sur l'instruction proprement dite ; les étrangers s'instruisent parfaitement bien sans avoir à passer par les difficultés de notre orthographe, et nous arriverions certainement à des résultats semblables en laissant l'orthographe de côté ; mais enfin, dans l'état actuel des esprits et des choses, il faut absolument former, avec les enfants, des machines à orthographe. Eh bien ! à l'aide de la sténographie, nous offrons de faire, nous faisons des machines à orthographe, beaucoup plus vite, à meilleur marché et d'une manière plus sûre que par les procédés usités. (*Rires et applaudissements.*)

Un jour, le bambin, à force de manger de la bouillie et de se rouler par terre, est devenu presque un homme. Il a six ans, sept ans ; ses ébats commencent à devenir trop bruyants, trop tapageurs, trop compromettants pour la tranquillité de la famille, et puis il faut déjà songer à l'avenir de l'enfant et lui fournir les armes avec lesquelles il luttera contre les difficultés de la vie. Le papa le conduit à l'école, il le confie à un homme qui a pour mission d'instruire les enfants, de dégrossir les natures incultes, de redresser les natures vicieuses, et surtout, car c'est là surtout et avant tout ce qu'on lui demande, de faire d'eux des machines à orthographe.

Généralement, l'enfant arrive à l'école animé de bonnes dispositions, plein d'ardeur pour l'étude : les parents, bien avisés, lui ont présenté l'école comme une terre promise, où il apprendra à devenir homme, et, dans ce petit cerveau, des idées d'ambition ont déjà germé : il veut arriver à la tête de ses compagnons, les devancer.

On le colloque sur un banc, en face d'une noire ardoise ou d'une blanche feuille de papier ; on arme ses doigts inexpérimentés d'un crayon... En avant ! mon enfant, emboîte tes premiers pas dans la glorieuse carrière de l'instruction ! Trace-moi des bâtons, et encore des bâtons, et toujours des bâtons (*Rires*) ; et, plus tard, lorsque tu sauras tracer assez droit, sans trop de sinuosités, les bâtons, on te lancera dans les courbes, on te fera tracer des ronds ! (*Rires.*)

Des bâtons et des ronds, c'est quelque chose de beau : la ligne droite n'est-elle pas le chemin le plus court d'un point à un autre ; et la circonférence n'est-elle pas l'image de la terre et de l'éternité !

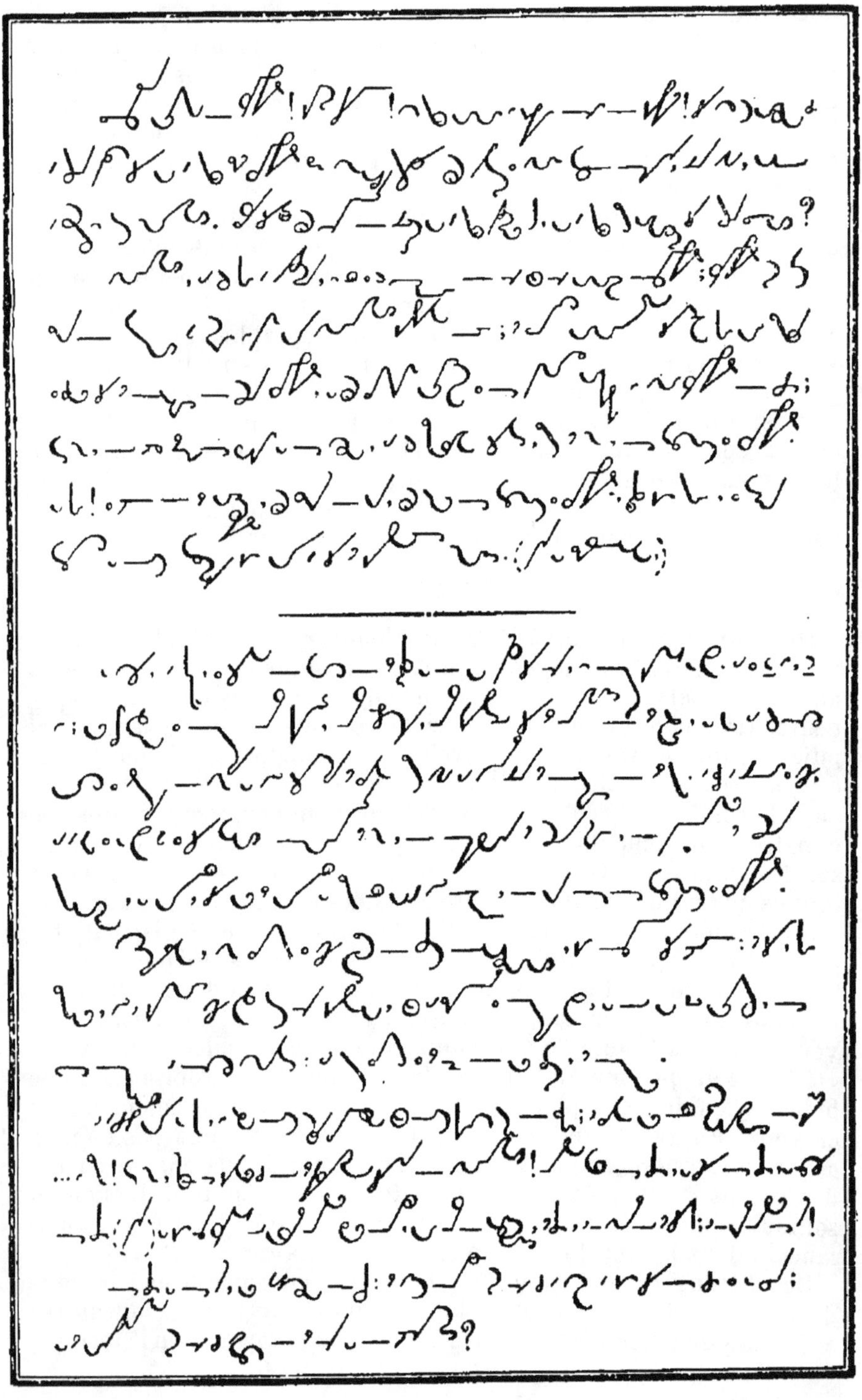

Tout cela, c'est très beau ; mais vous savez comme moi que ces aperçus, fussent-ils présentés aux enfants, les laisseraient parfaitement insensibles, et qu'aucune considération n'empêchera que tracer des lignes droites et des lignes courbes ne soit une opération ennuyeuse, assommante et abrutissante au premier chef.

Évidemment, il faut savoir tracer des lignes droites et des lignes courbes pour pouvoir, plus tard, tracer facilement les lettres de l'écriture ordinaire ; je sais que les lettres ordinaires sont, dans une certaine mesure, composées de lignes droites et de lignes courbes ; mais cette considération, pas plus que les autres, n'aura guère le privilège d'amuser et de dérider l'enfant ; si, dans les longues heures, les longs jours, les longues semaines pendant lesquels il lui faut tracer des bâtons et des ronds, une image lui apparaît, c'est peut-être celle de l'autre bâton, qu'une sévérité parfois nécessaire tient en réserve pour prouver à l'enfant que le métier de tracer des bâtons et des ronds est le plus agréable de tous les métiers passés, présents et futurs. (*Rires et applaudissements.*)

Le résultat le plus certain, le plus indéniable de cette manière de procéder, c'est que l'enfant, qui était arrivé plein de bonne volonté, ne tarde pas à prendre l'instruction, l'école et l'instituteur en dégoût et en horreur. (*Applaudissements.*) Il viendra à l'école parce qu'il est obligé d'y venir ; il y restera parce qu'il ne peut pas s'en aller ; mais, en face de ces ronds et de ces bâtons, il jurera une haine éternelle à l'instruction. N'est-ce pas là ce qui arrive aux trois quarts des enfants qui passent sur les bancs des écoles ? Et cela tient en grande partie, je ne crains pas de l'affirmer, aux occupations écœurantes et abrutissantes auxquelles on les soumet à leur début. On devrait donner à l'enfant des travaux attrayants, amusants, propres à développer son intelligence, propres à lui faire aimer l'instruction, propres à lui faire savourer dès ses premiers pas, les jouissances du succès et du progrès... et on le met devant des bâtons et des ronds ! Que voulez-vous donc que lui disent ces bâtons et ces ronds dont il a couvert mille fois son ardoise, dont il a sali des centaines de feuilles de papier ? Pourquoi ne pas donner un sens, une signification à ces bâtons et à ces ronds ? Pourquoi ne pas les vivifier du souffle de la pensée ?

N'est-ce pas là, Mesdames et Messieurs, ce que nous faisons à l'aide de la sténographie ? (*Approbation.*) Notre sténographie ne consiste uniquement qu'en bâtons et en cercles ou fragments de cercles juxtaposés, groupés ; mais en ronds et en bâtons, non modifiés comme dans l'écriture ordinaire, mais tracés comme on les fait tracer à l'enfant, c'est-à-dire tout ronds et tout droits, de vrais ronds, de vrais bâtons ; il suffit, pour avoir des mots et des phrases, de mettre les cercles ou fragments de cercles contre les bâtons, de les juxtaposer, de les souder ; et les mots jaillissent, et la pensée surgit et l'intelligence est illuminée ; et, de cet amas informe,

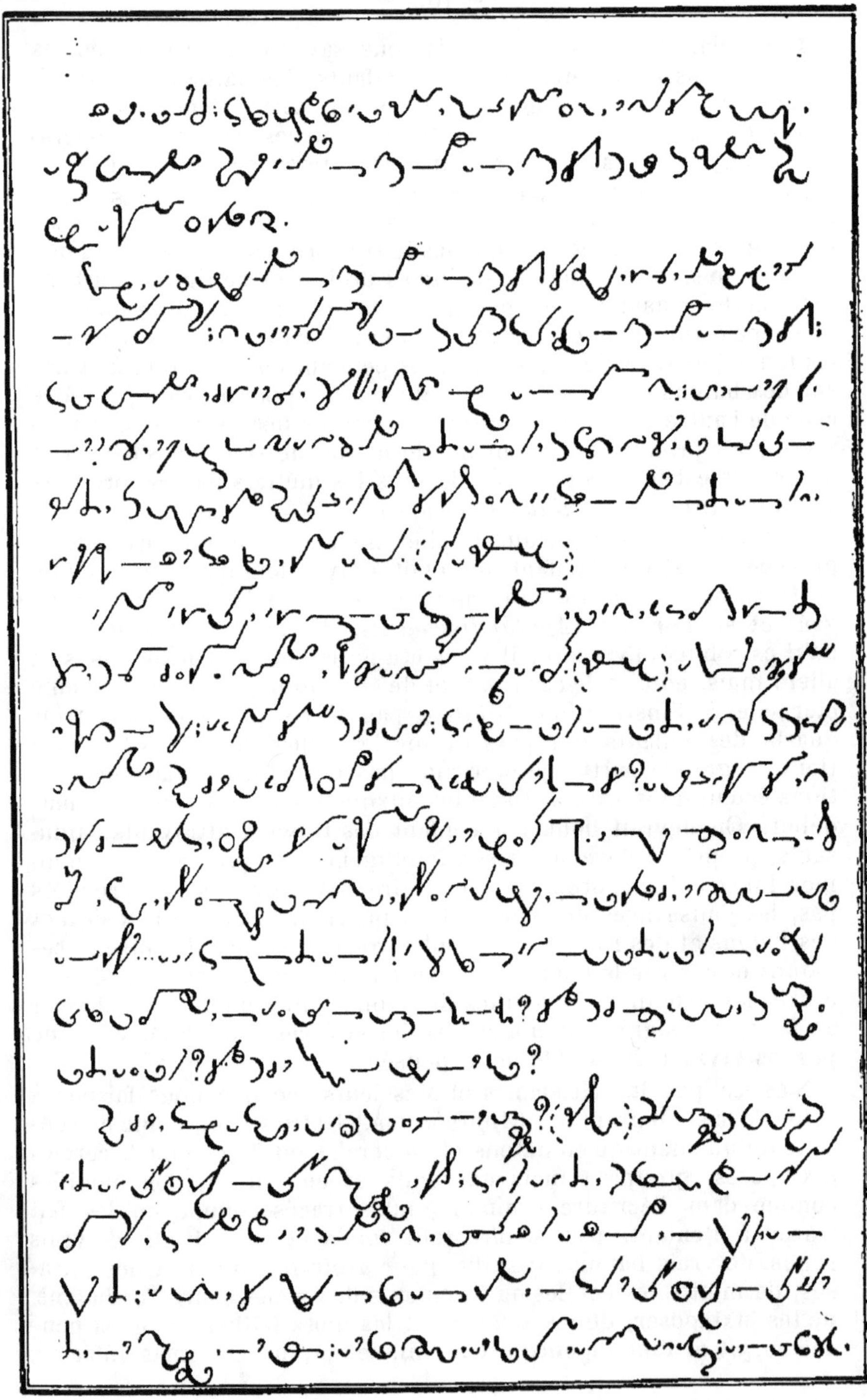

décharné, mort, de bâtons et de ronds, vrais ossements de cadavres que l'on faisait entasser les uns sur les autres à l'enfant, et qui ne disaient rien, absolument rien à son intelligence, qui ne faisaient que lui rendre l'étude odieuse, surgit le mouvement, la vie, l'intérêt, l'instruction, le goût, l'amour de l'étude. (*Applaudissements.*)

Un jour, nous dit le prophète Ézéchiel, Dieu s'empara de moi : il me conduisit dans une vaste campagne toute remplie d'ossements ; il me fit faire le tour de cette campagne pour que je pusse me rendre compte du spectacle que j'avais sous les yeux ; et les ossements étaient en nombre incalculable sur toute la surface du champ, et ces ossements étaient rudement desséchés. Et Dieu me dit : « Fils de l'homme, penses-tu que ces ossements puissent vivre ? » Et je répondis : « Seigneur Dieu, vous seul le savez. » Et le Seigneur me dit : « Prophétise sur ces ossements et dis leur : Os arides, voici ce que dit le Seigneur : Voici que j'enverrai en vous l'esprit et vous vivrez ; et je mettrai sur vous des nerfs, et je ferai croître des chairs sur vous ; et je vous donnerai l'esprit, et vous vivrez. »

Et je prophétisai comme le Seigneur me l'avait ordonné.

Or, pendant que je prophétisais, il se fit un grand bruit et une grande commotion ; et les ossements s'approchèrent des ossements, chacun à sa jointure ; et voilà que les nerfs et les chairs montèrent sur ces os, et voilà que la peau s'étendit sur eux. Mais ils n'avaient pas encore l'esprit, et le Seigneur me dit : « Prophétise maintenant à l'esprit, fils de l'homme, prophétise ; et tu diras à l'esprit : Esprit, viens des quatre vents et souffle sur ces morts, et qu'ils revivent. »

Et je prophétisai, comme Dieu me l'avait ordonné ; et l'esprit entra dans ces os, et ils vécurent, et une armée innombrable se tenait devant moi, debout sur ses pieds.

Et c'est là, oui, c'est là ce que produit notre sténographie ! (*Applaudissements.*) Elle vivifie cet amas informe de bâtons et de ronds qui jonchaient, morts et inertes, les tables des écoles ; elle leur donne l'esprit, l'âme ; au lieu de l'immobilité du sépulcre, c'est le mouvement ; au lieu de la mort, c'est la vie ! C'est une armée de pensées qui s'agite et se meut devant l'enfant, qui défile sous ses yeux, qui l'intéresse, qui le stimule, qui l'entraîne, qui le conduit gaiment, sûrement, victorieusement à l'assaut de l'instruction. (*Applaudissements répétés.*)

L'enfant connait parfaitement toutes les lettres de l'alphabet, il sait admirablement les tracer ; l'adjonction de la sténographie à ce premier travail a été pour lui un encouragement, un bonheur ; il lit, il écrit l'alphabet ; il croit savoir quelque chose, il ne sait rien ; quand je dis rien..., j'entends rien... sous le rapport de l'écriture ordinaire, car, pour la sténographie, il sait tout et pourrait très bien, d'ores et déjà, s'instruire en laissant de côté l'écriture vul-

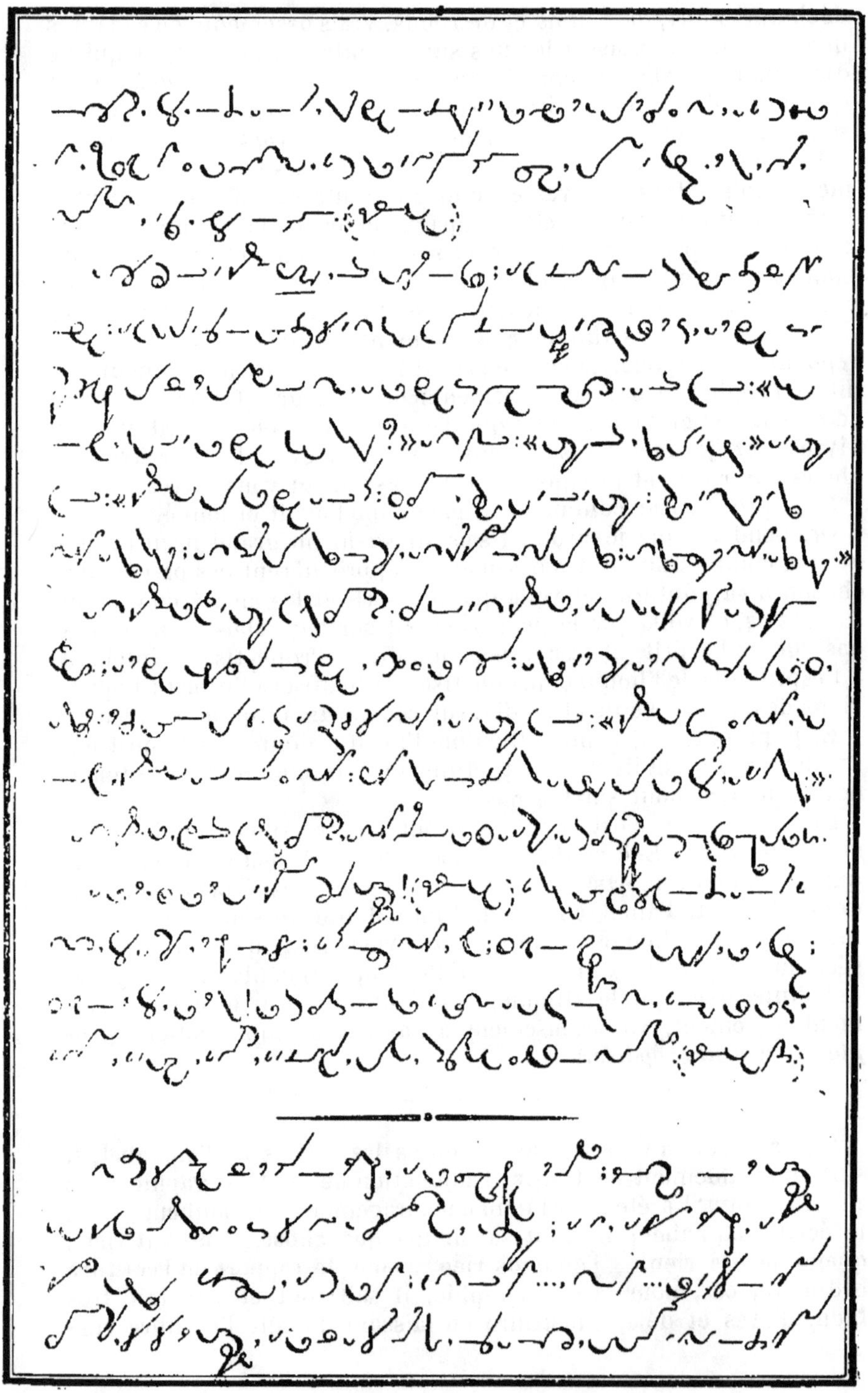

gaire ; mais enfin, sous le rapport de cette dernière écriture, connaissant les lettres de l'alphabet, sachant admirablement les écrire, il ne sait rien. Comment cela ? C'est que, dans notre bienheureuse écriture française, on écrit tout autrement qu'on ne prononce, ou, ce qui revient au même, on prononce tout autrement qu'on n'écrit. Oui, dans l'écriture française, 80 mots sur 100, pour le moins (c'est un calcul que j'ai fait), oui, 80 mots sur 100 s'écrivent autrement qu'ils ne se prononcent ? Essayez donc d'utiliser les connaissances que l'enfant vient d'acquérir pendant les premiers mois de son installation sur les bancs de l'école ! Dites-lui d'écrire : *Moi;* il écrira invariablement *moa* et non pas *moi;* dites-lui d'écrire *mon;* il ne saura comment faire, car *mon* lui donnerait *mone*, et, dans l'alphabet, il ne trouve pas de signe qui veuille dire *on;* dites-lui d'écrire *beaucoup;* il mettra *bok*, et, pour le son *ou*, il ne saura l'exprimer.

Mettez-le devant un livre et essayez de vous rendre compte de la manière dont il lira cette phrase : *Maman aime beaucoup son petit enfant et moi je l'aime aussi de tout mon cœur.* Pour être logique, pour utiliser les connaissances acquises, il devra lire : *Mamane aïmeu beuaüsoüpe sone peutite euneƒanete, eute moi jeu laïmeu aüssi deu toüte mone coeuür !*

Il faut donc nécessairement apprendre à l'enfant à prononcer presque tous les mots tout autrement qu'ils ne sont écrits ; il faut lui apprendre à donner aux lettres de l'alphabet un son tout autre que celui qu'on s'est obstiné à lui seriner pendant des mois entiers.

Qui va entreprendre ce nouveau travail ? Qui va répéter mille et mille fois à l'enfant : *haut* se prononce *o ; ai* se prononce quelquefois *é*, et quelquefois *è ; ais* se prononce *è ; c* se prononce très souvent *k ; ent* ne se prononce pas ou se prononce comme *an* ! Qui va être obligé de s'atteler à ce labeur ingrat, et cela pour presque tous les mots de notre langue ? Qui donc va recommencer ce travail des milliers et des milliers de fois ? Car, évidemment, l'enfant ne connaitra rien au milieu de cet inextricable fouillis de lettres, il ne pourra rien se rappeler, ni une première, ni une deuxième fois ; pourvu même qu'il parvienne à retenir quelque chose à la centième fois !

Hélas ! ce sera le maitre, toujours le maitre ! ou plutôt, je me trompe : pour les enfants connaissant la sténographie, ce sera la sténographie ! (*Applaudissements.*) Au-dessus de tous ces groupes de lettres, vrais caractères chinois, qui doivent se prononcer tout autrement qu'ils ne sont écrits, l'enfant sténographe verra le son qu'il doit leur donner ; ce son sera là, figuré par le signe sténographique : le maitre n'aura rien à dire, rien, absolument rien ; l'enfant fera seul ce travail qui, d'après les anciens procédés, exige la présence et les préoccupations incessantes du maitre ; il pourra le faire, non plus dans le seul local de la classe, non plus seulement pendant

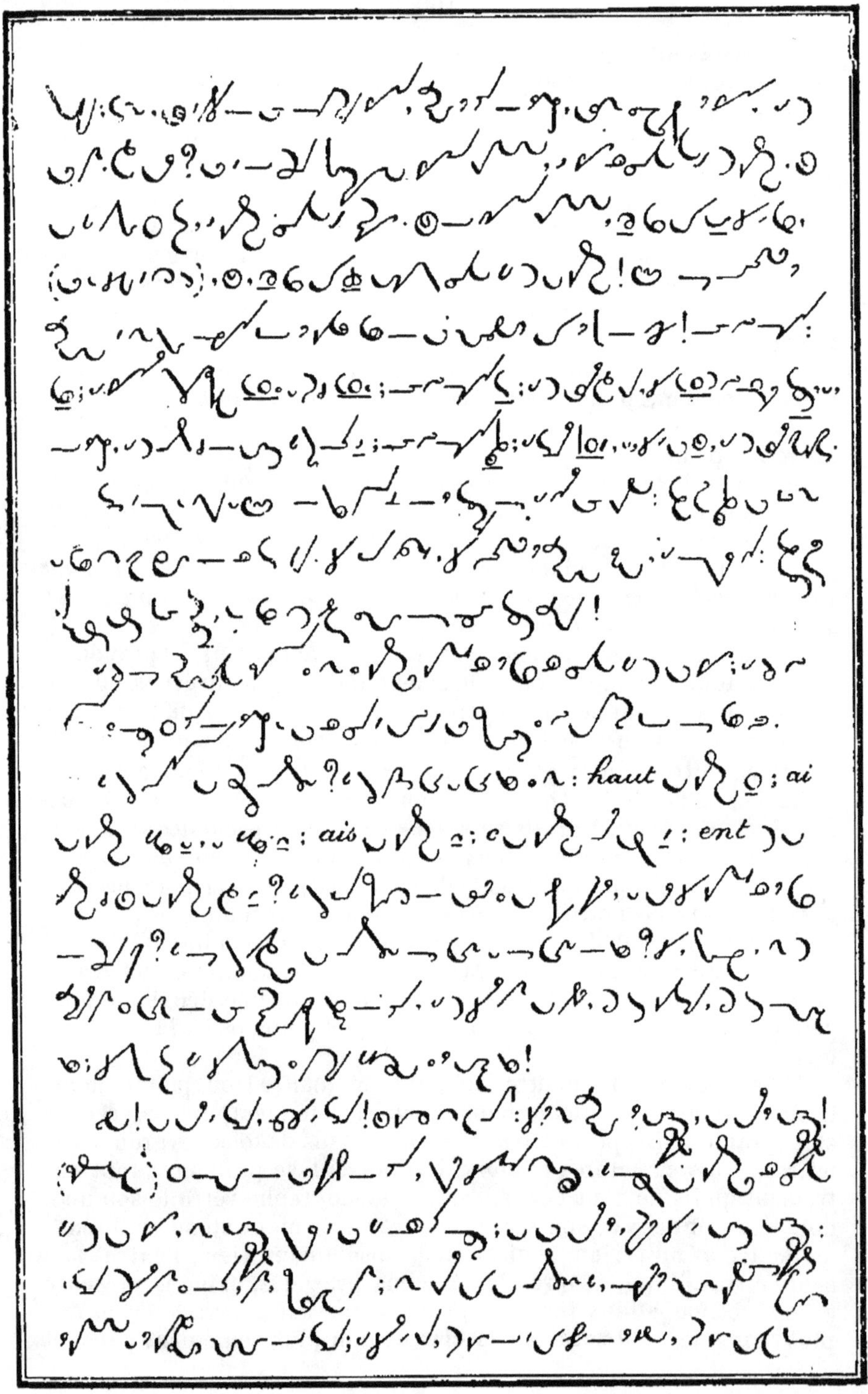
haut
ai
ais
ent

le temps consacré à l'école, mais toujours, mais partout.

O vous qui ne vouliez pas donner droit de cité dans l'école à la sténographie, vous ne saviez certainement pas quelle somme énorme de peines et de fatigues elle épargne au maître et aux élèves! Vous ignoriez combien puissamment elle contribue aux progrès de l'élève studieux. Sous peine de se former des idées complètement fausses sur la prononciation des mots, l'élève ne doit pas essayer de lire lorsque le maître n'est pas là. La sténographie soustrait le maître et l'élève à ce pénible assujettissement et contrôle.

C'est l'admirable simplicité et facilité de ce procédé qui explique comment des hommes complètement illettrés ont pu, à l'aide de la sténographie apprise en quelques heures, apprendre ensuite tout seuls la lecture et l'écriture ordinaires.

La sténographie employée pour apprendre la lecture aux enfants aide donc puissamment à leurs progrès, tout en déchargeant le maître d'un travail long, pénible, fastidieux. (*Applaudissements.*)

J'arrive à l'écriture, c'est-à-dire aux dictées, à ces malheureuses dictées qui, chaque jour, absorbent presque tout le temps de la classe.

Pour se faire entendre de toute la division à laquelle il s'adresse, le maître doit élever la voix, par conséquent se fatiguer, pour que tous les élèves puissent écrire ce qu'il dicte, il lui faut parler lentement, très lentement, répéter deux et trois fois la même phrase. Oh! instituteurs! quelle patience et quelle poitrine vous sont nécessaires! J'espère qu'on ne trouvera pas qu'être obligé de passer beaucoup de temps lorsqu'on pourrait ne pas en passer du tout soit un avantage?

Notons que ces dictées, faites à haute et intelligible voix, pendant une demi-heure ou trois quarts d'heure, à la première division, puis, pendant le même laps de temps, à la deuxième, et ainsi de suite, ne sont pas précisément propres à favoriser le travail des divisions pour lesquelles la dictée n'a pas lieu. Un homme rompu aux travaux de l'intelligence et désirant ardemment s'instruire, est obligé de rechercher le calme et le silence lorsqu'il veut étudier, et l'on voudrait que des bambins qui ne sont pas encore formés au travail intellectuel, qui ne demandent qu'à s'amuser, s'occupassent fructueusement pendant que le maître crie de toutes ses forces pour se faire entendre à d'autres élèves!

La sténographie pourrait-elle épargner au maître et aux élèves la fatigue et la perte de temps occasionnées par les dictées à haute voix? Mais on dirait qu'elle a été créée et mise au monde tout exprès pour cela!

La sténographie, c'est la parole immobilisée. Le maître saisit, pour ainsi dire, sa parole; à l'aide d'un crayon il la pose, il la fixe,

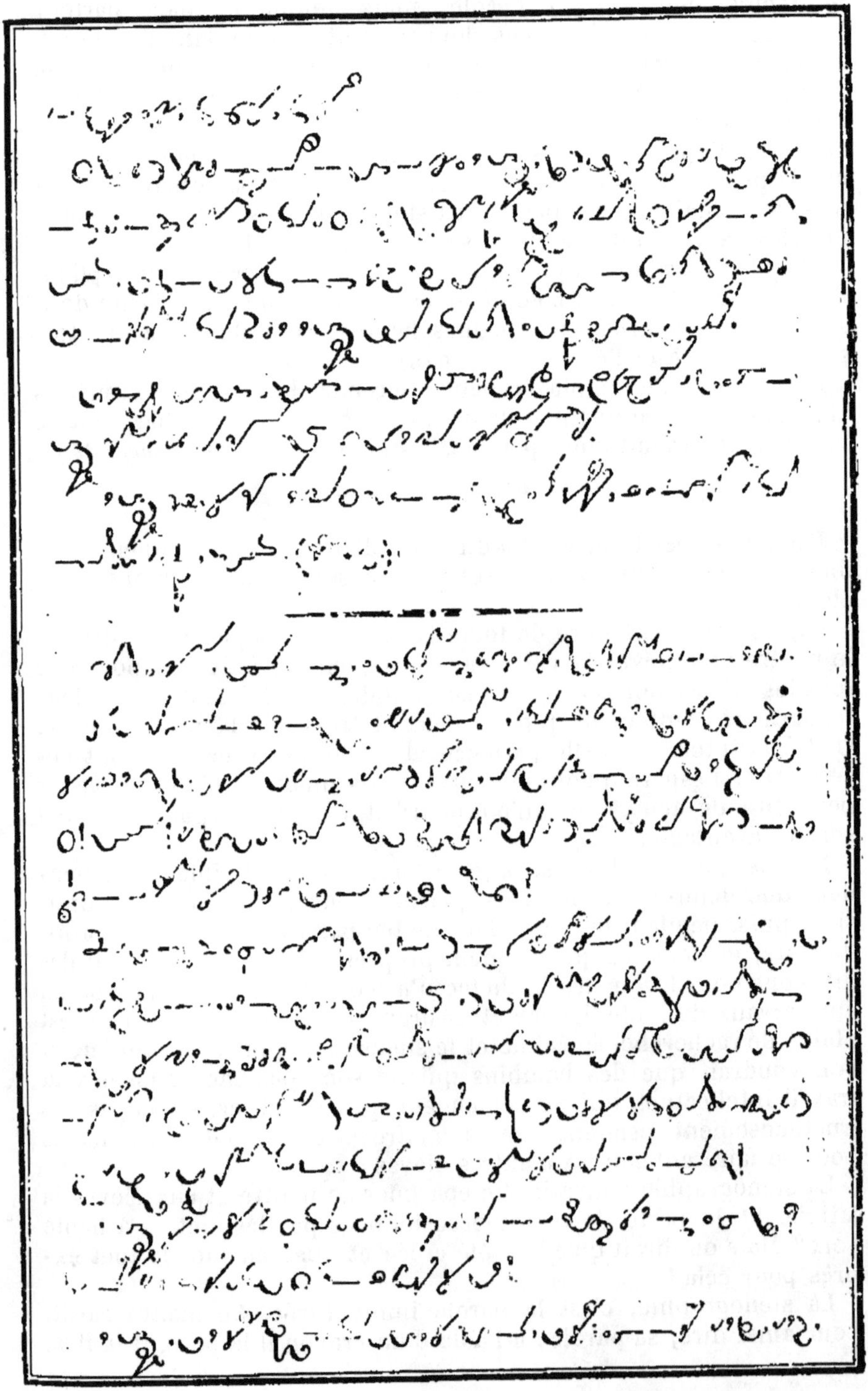

il l'immobilise sur le tableau noir, sous les yeux des élèves, au lieu de la jeter d'une manière fugitive dans leurs oreilles. Lorsque le maître parle, sa parole pourra, par suite de faiblesse d'organe, ou par suite de défaut d'attention de la part de l'élève, n'être pas entendue ou être mal interprétée; avec la sténographie, cet inconvénient n'est pas possible : la parole est sur le tableau ; elle y restera perceptible, dans toute sa netteté et vérité, une heure, deux heures..., aussi longtemps qu'il sera nécessaire ; elle y restera sans faire de vacarme, sans distraire les divisions auxquelles elle ne s'adresse pas : elle y restera n'ayant demandé que quelques minutes pour être tracée ; et si le maître place entre les mains des élèves des livres écrits en sténographie, il pourra économiser même ces quelques minutes qu'il lui aurait fallu pour tracer la dictée sur le tableau.

En dehors de cet avantage immense qui, à lui tout seul, suffirait bien pour engager les maîtres à employer la dictée à l'aide de la sténographie, faut-il compter pour rien l'avantage de ne pas déformer l'écriture des élèves ?

Le mode ordinaire de procéder serait vraiment risible si les résultats auxquels il conduit fatalement n'étaient pas si déplorablement tristes : on tient à ce que les élèves aient une belle écriture ; tout le monde en sent la nécessité ; plusieurs Ministres de l'instruction publique ont cru devoir faire tout exprès à ce sujet des circulaires ; partout on se plaint qu'on ne rencontre plus de ces magnifiques écritures *moulées* qui font pâmer d'aise les calligraphes et réjouissent la vue des simples mortels... Comment en serait-il autrement ? Est-ce que, dans les écoles, la dictée à haute voix ne fait pas tout son possible pour déformer l'écriture des élèves ? Et certes, elle peut hardiment se vanter d'avoir complètement réussi.

N'importe quel instituteur, eût-il la patience de Job, ne peut faire successivement la dictée à plusieurs divisions, en allant assez lentement pour que tous les élèves aient le temps de mouler leurs lettres : il faut qu'il se hâte, par conséquent que les élèves écrivent vite, bon gré, mal gré ; par conséquent qu'ils déforment leur écriture. C'était bien la peine vraiment de se donner et de donner tant de mal aux enfants pour leur apprendre à former régulièrement des bâtons et des ronds, et les lancer ensuite dans ces affreuses *pattes de mouche* qui constituent l'écriture de tous les écoliers ! Et tant que les dictées à haute voix seront le principal moyen employé pour apprendre l'orthographe aux enfants, les pattes de mouche continueront, en dépit de toutes les recommandations et de toutes les circulaires, à être l'apanage de 99 écoliers sur 100. (*Applaudissements.*)

Mais les dictées ne se font pas toujours au moyen de la parole : on emploie des livres spéciaux que l'on appelle *Exercices*. Certains de ces livres procèdent par le moyen de la *cacographie*, c'est-à-dire qu'ils écrivent *mal* ce qu'on veut faire écrire *bien* à l'enfant. Curieux moyen de vouloir faire tracer par quelqu'un le portrait d'une

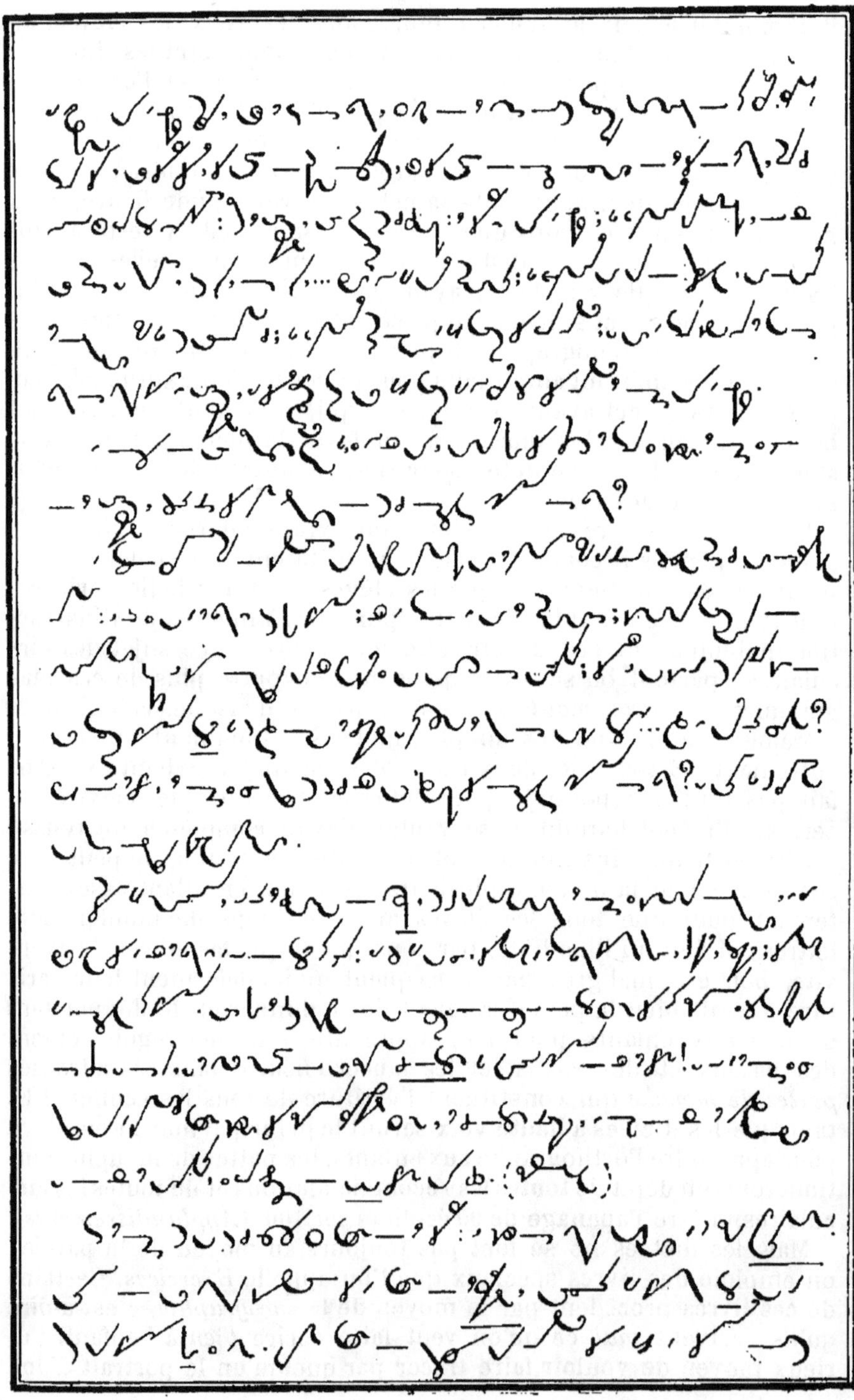

personne, en lui donnant comme modèle des personnes qui ne ressemblent nullement à celle que l'on veut faire peindre! Ne placer sous les yeux de l'enfant, pour lui apprendre à bien écrire, que des mots mal écrits, a paru un moyen tellement absurde que, généralement il est abandonné. Abandonné..., il faut s'entendre, abandonné par les éditeurs de livres; mais nullement par la gent écolière; c'est même le procédé qu'elle affectionne le plus et qu'elle met le plus consciencieusement en usage.

Qu'arrive-t-il, en effet, chaque fois que le maître fait une dictée?

Si on ne peut laisser à l'enfant le temps de mouler toutes ses lettres, à plus forte raison ne peut-on pas lui laisser le temps de réfléchir sur chaque mot, le temps de chercher dans son dictionnaire, s'il en sent le besoin: la dictée qui, chaque jour, prend déjà des heures entières, demanderait tout le temps de la classe et au delà. Que fait l'enfant? Il écrit comme il peut ce qu'il entend. Oh! la magnifique cacographie qu'il vient de composer en splendides pattes de mouche! (*Applaudissements.*) Regardez plutôt! presque tous les mots sont écrits de manière à rendre jaloux tous les cacographes de profession, passés, présents et à venir; sa dictée est une cacographie près de laquelle vos cacographies les plus savantes sont de l'orthographe de puriste; l'élève se fait chaque jour à lui-même, sous votre dictée, ce que vous lui interdisez de lire; vous brûlez les livres cacographes, et vous lui faites composer des dictées cacographes! Et ces dictées cacographes, vous le contraignez à les contempler, à les lire, à les relire presque pendant tout le temps qu'il passe à l'école! C'est une justice à rendre aux dictées orales elles font tout leur possible pour obliger les élèves à désapprendre et l'orthographe et la calligraphie; elles les forcent à écrire des mots pleins des fautes les plus grossières, et à sauter à pieds joints par-dessus ces inimitables pleins et déliés que, tout à l'heure, on leur faisait caresser lentement d'une plume complaisante. La cacographie imprimée est condamnable et condamnée; pourquoi la cacographie écrite, à laquelle on oblige les enfants à l'aide des dictées orales, et qui leur désapprend de plus la belle écriture, ne serait-elle pas, elle aussi, condamnée???

Pour éviter l'usage de la cacographie, autant qu'il peut être évité lorsqu'on emploie uniquement l'écriture ordinaire, on a inventé divers procédés: le mot n'est pas écrit en entier. Notez que, sur 100 mots qui composeront un exercice, 80 mots, peut-être même 90, seront écrits complètement, entièrement; l'enfant n'aura pas à s'en préoccuper; il n'aura qu'à les copier machinalement; aussi sera-t-il pris au dépourvu lorsqu'il lui faudra écrire ces mêmes mots sans les avoir sous les yeux. Mais l'élève arrive à un mot tronqué; il veut marcher... Attrape! la fin du mot manque. Ou bien le mot sur lequel l'enfant devra concentrer son attention sera *mal écrit*, mais ce mot *mal écrit* sera, malgré sa grimacière difformité, un mot très

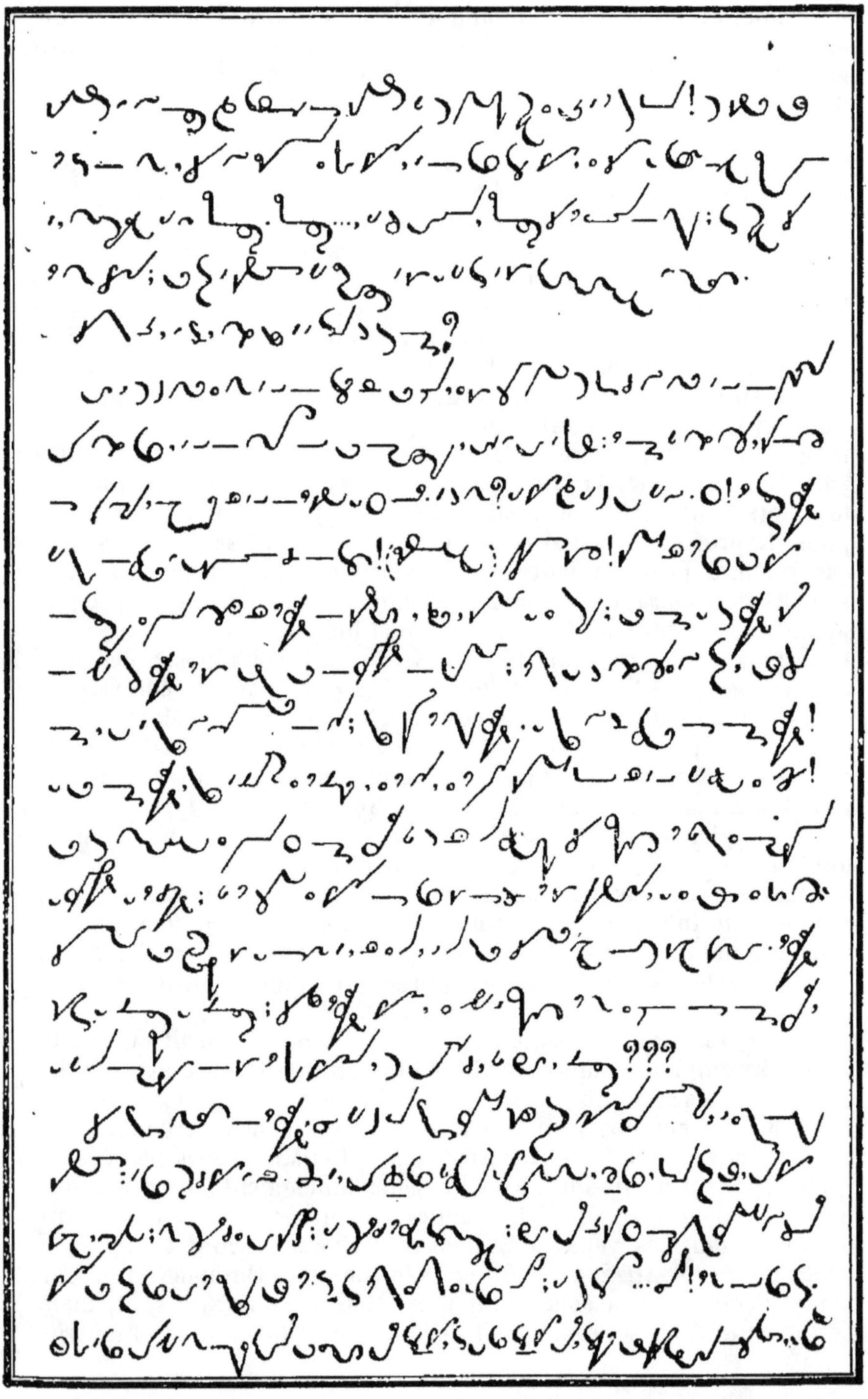

bien appris, très bien élevé : il aura l'obligeance de vouloir bien prévenir l'élève; il sera souligné, imprimé en italiques, de manière à ce que l'enfant soit bien et dûment averti que le mot est mal écrit, et qu'il faut nécessairement l'écrire d'une autre manière: c'est de la cacographie mitigée..... Combien tous ces moyens sont mesquins quand on les compare aux résultats que donne l'emploi de la sténographie! Avec la sténographie, ce n'est pas seulement 10 mots, 20 mots sur 100 qui appellent l'attention de l'élève, qui le forcent à réfléchir, ce sont les 100 mots de la dictée, la dictée tout entière. Aussi, à l'enfant qui fait la dictée à l'aide de la sténographie, demandez plus tard n'importe quel mot, il saura l'écrire sans faute; car ce mot se sera présenté à lui des centaines de fois uniquement revêtu de la prononciation donnée par la sténographie, cette prononciation, qui possède tous les avantages de la dictée à haute voix sans en avoir les inconvénients, et qui, de plus, ne tardera pas à uniformiser le langage français, à faire disparaître toutes ces prononciations vicieuses qui ont résisté au travail des siècles et des chemins de fer.

En effet, si vous n'employez pas la sténographie, comment arriverez-vous jamais à réformer ces prononciations locales, provinciales, qu'un maître, né et élevé dans un coin de la France, maintient avec un soin jaloux, une conscience inflexible, et sous peine de punition dans les enfants de sa province?

Au reste, les succès obtenus, il y a quelques jours à peine, par un instituteur dont la présence dans cette assemblée m'interdit de prononcer le nom, mais que presque tous vous connaissez (M. Gendre), succès éclatants : les premiers prix, dans les concours, remportés par des élèves formés sténographiquement à l'orthographe, ces succès ne disent-ils pas, eux aussi à leur manière, que le moyen le plus rationnel, le plus facile, le plus expéditif d'apprendre aux enfants l'orthographe, c'est de la leur enseigner à l'aide de la sténographie? (*Applaudissements.*)

On ne s'étonnera donc pas que les instituteurs qui connaissent la sténographie ne puissent plus se décider à faire la dictée à l'aide des anciens procédés. Il serait, en effet, par trop naïf, ou plutôt par trop déraisonnable, de se fatiguer et de fatiguer les élèves, de perdre du temps et d'en faire perdre aux élèves, d'endormir l'intelligence des enfants, de les habituer à ne travailler que sur certains mots, de déformer l'écriture des enfants, de leur enseigner une prononciation vicieuse, alors qu'à l'aide de la sténographie on peut éviter tous ces inconvénients.

La dictée, au moyen de la sténographie, se fait déjà actuellement dans plus de 1,000 écoles; laissez passer quelques années et ce procédé d'enseignement de l'orthographe, si rationnel et si facile, sera partout employé.

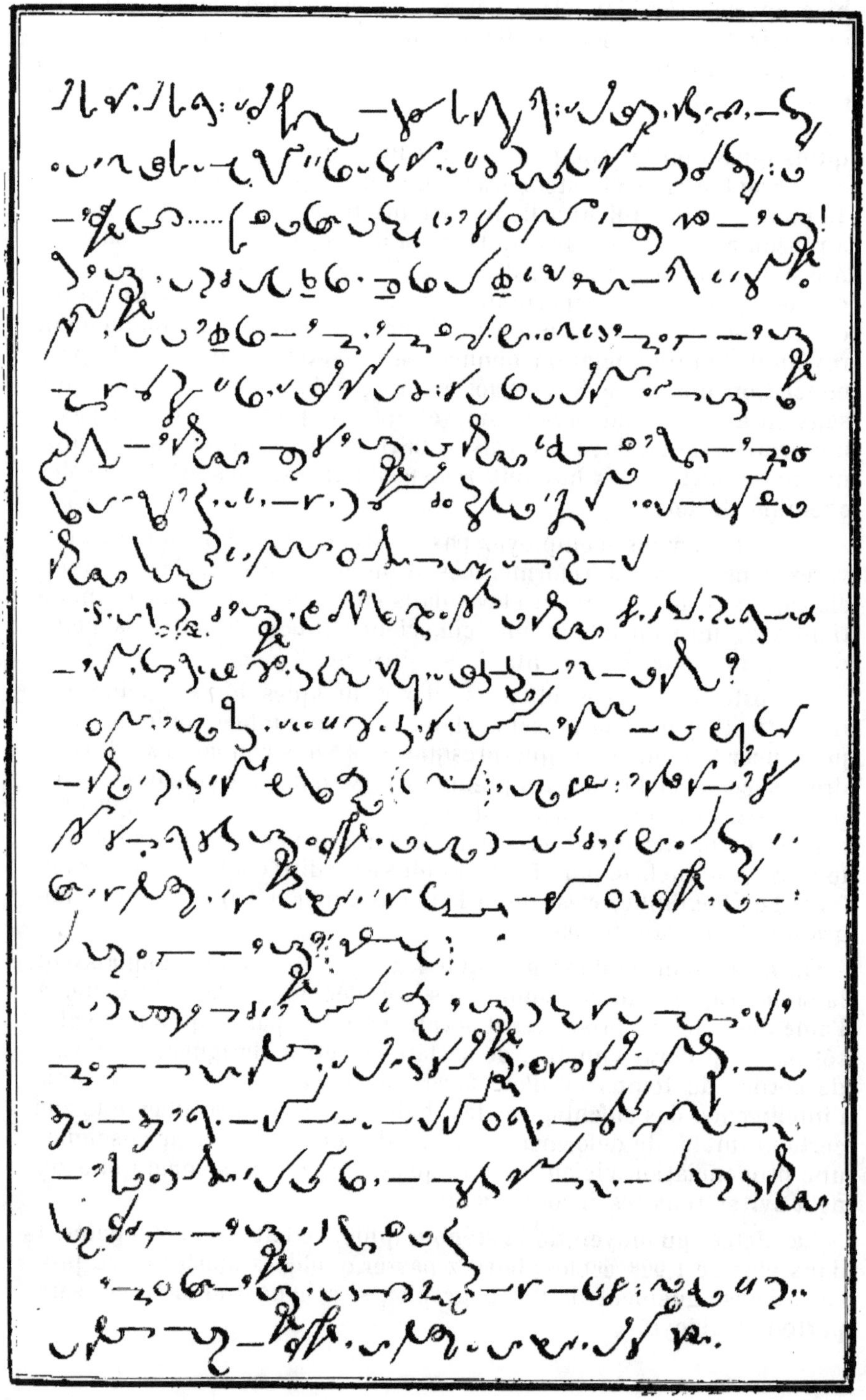

Puisqu'il faut, avec nous Français, former des machines à orthographe, on les formera, à l'aide de la sténographie, d'une manière beaucoup plus rapide et plus sûre, et en développant l'intelligence bien plus largement que par les procédés jusqu'à ce jour en usage ; et de plus, nous donnerons aux enfants, à titre de surcroît qui, certes, n'est pas à dédaigner, une deuxième écriture beaucoup plus rapide que l'écriture ordinaire, le chemin de fer et l'électricité, au lieu du coucou et de la patache.

L'idée sténographique est descendue des hauteurs de la pensée, elle a pris corps, pour ainsi dire, dans cette curieuse boule de neige, ingénieux symbole de l'Institut sténographique, qui s'en va par le monde, augmentant à chaque instant de volume et de vitesse ; vous voilà sur son chemin, laissez-vous emporter par elle : ce sera pour votre bien et pour celui de la France ; votre adhésion augmentera sa masse, sa puissance et son entrain. Grâce à votre intelligence et à votre dévoûment, le siècle des chemins de fer et de l'électricité ne peut manquer de devenir aussi le siècle de la sténographie ! (*Applaudissements répétés.*)

(*Prononcé à la troisième réunion générale annuelle de l'*INSTITUT STÉNOGRAPHIQUE DES DEUX-MONDES, *le 26 septembre 1875.*)

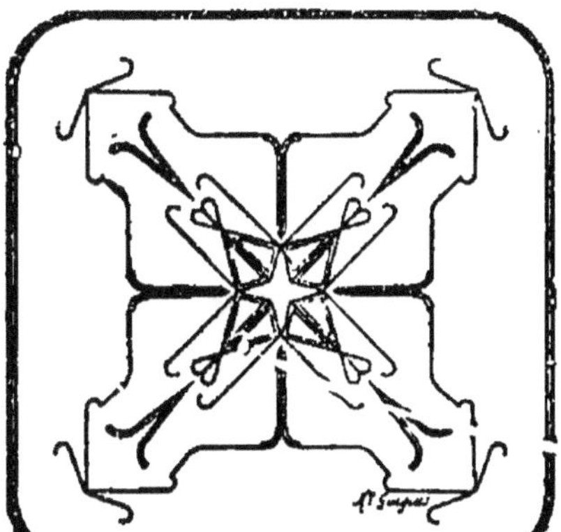

TRADUCTION DE CE DESSIN

Ecriture du progrès

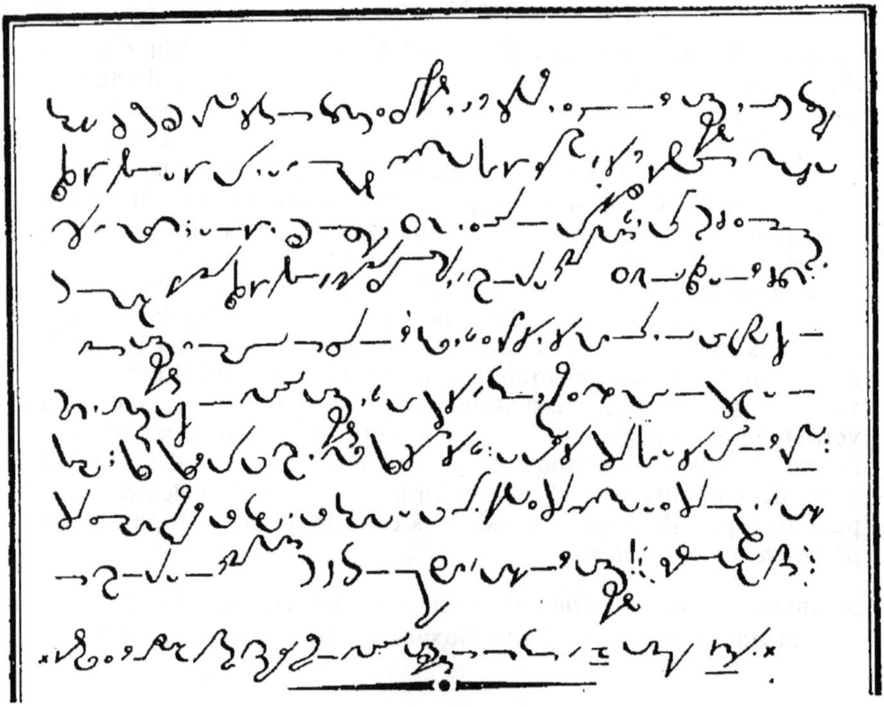

TRADUCTION DE CE DESSIN

Écriture populaire du XXe siècle

ÉPITRE

A M. Émile DUPLOYÉ,

PRÉSIDENT

DE L'INSTITUT STÉNOGRAPHIQUE DES DEUX-MONDES.

A vous, cher Duployé, doit revenir la gloire,
Qui donne à votre nom sa place dans l'histoire,
D'avoir vulgarisé cet art ingénieux
Qu'autrefois on eût dit inventé par les dieux,
L'art de saisir au vol la parole qui passe
Comme un éclair. Je puis en retenir la trace
Par l'étonnant secret qui de votre cerveau
Sortit un beau matin si complet et si beau !

Bien d'autres, avant vous, de cet art difficile
Avaient trouvé la clé : chez les Grecs, Xénophon ;
A Rome, l'affranchi du rhéteur Cicéron ;
Cassien, Epiphane, on en citerait mille !
Mais aucun n'avait su rendre cet art facile
Ni surtout populaire. On voyait des talents
Hors ligne, à ce travail formés depuis longtemps,
De nos grands orateurs sacrés ou politiques
Suivre tant bien que mal, les harangues publiques ;
Mais aurait-on songé que nous verrions ceci :
De tout petits enfants, sur les bancs de l'école,

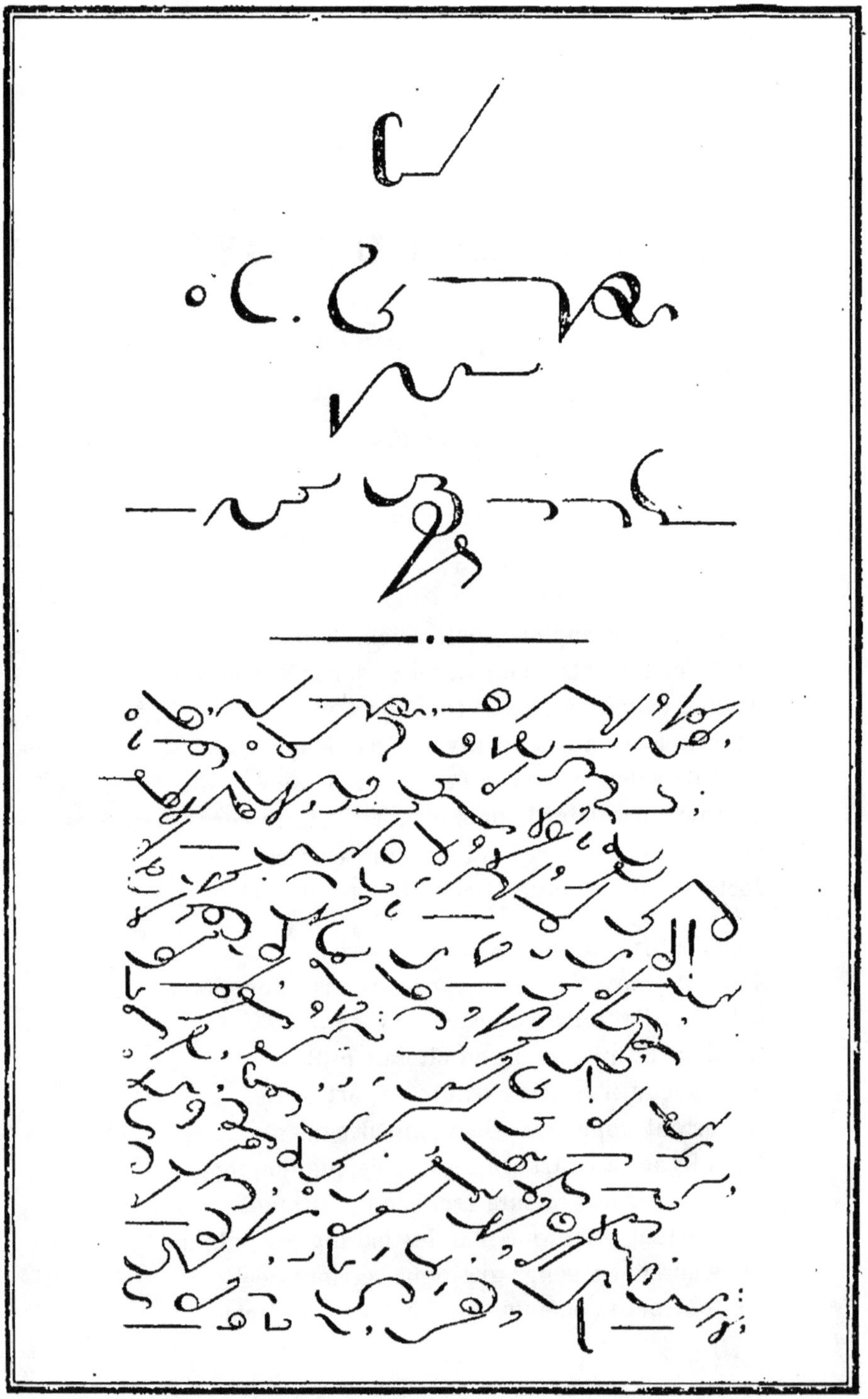

Apprendre le secret de suivre la parole;
Mille autres de tout âge et de tout sexe aussi
A sténographier se montrer intrépides,
Et dans les cours publics, églises, tribunaux,
Cercles, réunions, et par monts et par vaux,
Suivre des orateurs les paroles rapides !
Nous le voyons pourtant; n'est-ce pas merveilleux?
Combien n'avons-nous pas dépassé nos aïeux!

Cependant l'Allemagne et même l'Angleterre
Ont sur nous l'avantage, et l'Italie est fière
D'avoir pu devancer la France sur ce point,
Le Français, parait-il, ne s'en souciait point!
Mais quelqu'un s'est trouvé dont le cœur a su battre
Pour la Patrie! Honneur aux frères Duployé!
Vit-on jamais plus grand courage déployé?
Les voyez-vous hardis, résolus à combattre,
Dans ce nouveau champ clos, athlètes glorieux,
Teutons, Italiens, Anglais, tous plus forts qu'eux!
Auront-ils le dessus? Oui, grâce à leur système
D'une simplicité que l'on peut dire extrême.
Si bien qu'on n'avait vu jamais rien de pareil.
Il égale en clarté les rayons du soleil;
L'enfant le moins subtil l'apprend sans trop de peine;
Un jour le plus souvent, au plus une semaine,
Suffit pour retenir, à peine étudié,
Ce système fameux des frères Duployé!
Ils vaincront par l'effort de cette noble armée
Qui, dans tout l'univers, s'est si vite formée,
Et qui, pour mieux grouper ses forces vers son but,
Des Deux-Mondes a fait le célèbre Institut.

Mais il nous faut livrer une guerre intestine
Terrible contre un grand ennemi : la Routine!
Quand nous l'aurons vaincu chez nous, à l'étranger
Rien ne résistera. Nous pourrons sans danger
Tenir haut l'étendard de la sténographie.

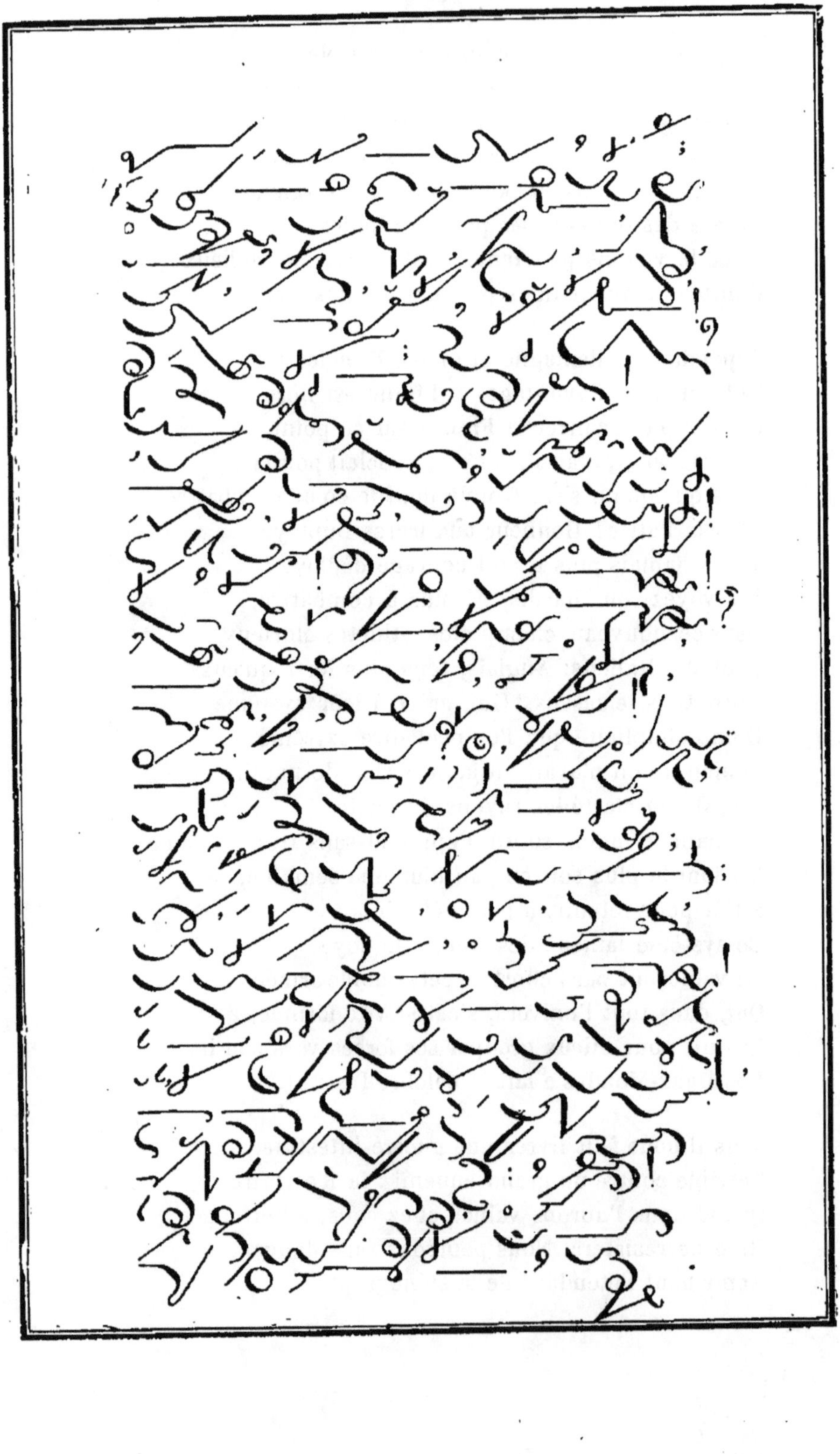

Nous ne souffrirons plus d'autre suprématie
Que celle de la force, hélas ! puisqu'un malheur
Immense, où tout faillit périr, jusqu'à l'honneur,
Du premier rang nous a, pour un temps, fait descendre ;
A force de génie, il faudra le reprendre ;
Les lauriers de l'esprit sont les plus glorieux.
Courage ! combattons chacun de notre mieux.
Lançons aux quatre vents journaux, cartes-postales,
Prospectus, alphabets, livres : voilà les balles
Qui frapperont au cœur l'ennemi du progrès !
Formons, sur tous les points, des cercles ; soyons prêts
Pour soutenir demain la lutte pacifique
Qui verra triompher notre art sténographique.

Mais, pour en venir là, que de temps employé.
Que d'argent, que d'efforts ! Vous, frères Duployé,
Vous surtout, cher Emile, ah ! dites-moi, de grâce,
Ce que coûte la gloire à qui court sur sa trace !
Vous la tenez déjà, mais tout n'est pas fini !

D'une triple cuirasse il faut être muni,
Pour lutter sans faiblir contre l'indifférence,
Le préjugé qu'on voit encor régner en France
Contre cet art. J'entends dire de tout côté :
« Peut-il être pour moi de quelque utilité ?... »
— N'avez-vous donc jamais besoin de rien écrire ?
Pas de note à saisir, de papier à transcrire ?
Et, quand une minute à cela nous suffit,
Vous en emploierez cinq ? — Vous avez de l'esprit !...

Mais en a-t-il bien plus ce maitre qui s'obstine
A croupir jusqu'au bout dans sa vieille routine,
Quand un jour lui vaudrait peut-être un mois entier,
S'il enseignait l'enfant à sténographier ?

Ah ! je m'adresse à vous, jeunesse des écoles :
Lorsque du professeur vous suivez les paroles
Qu'il faudra reproduire et noter avec soin,

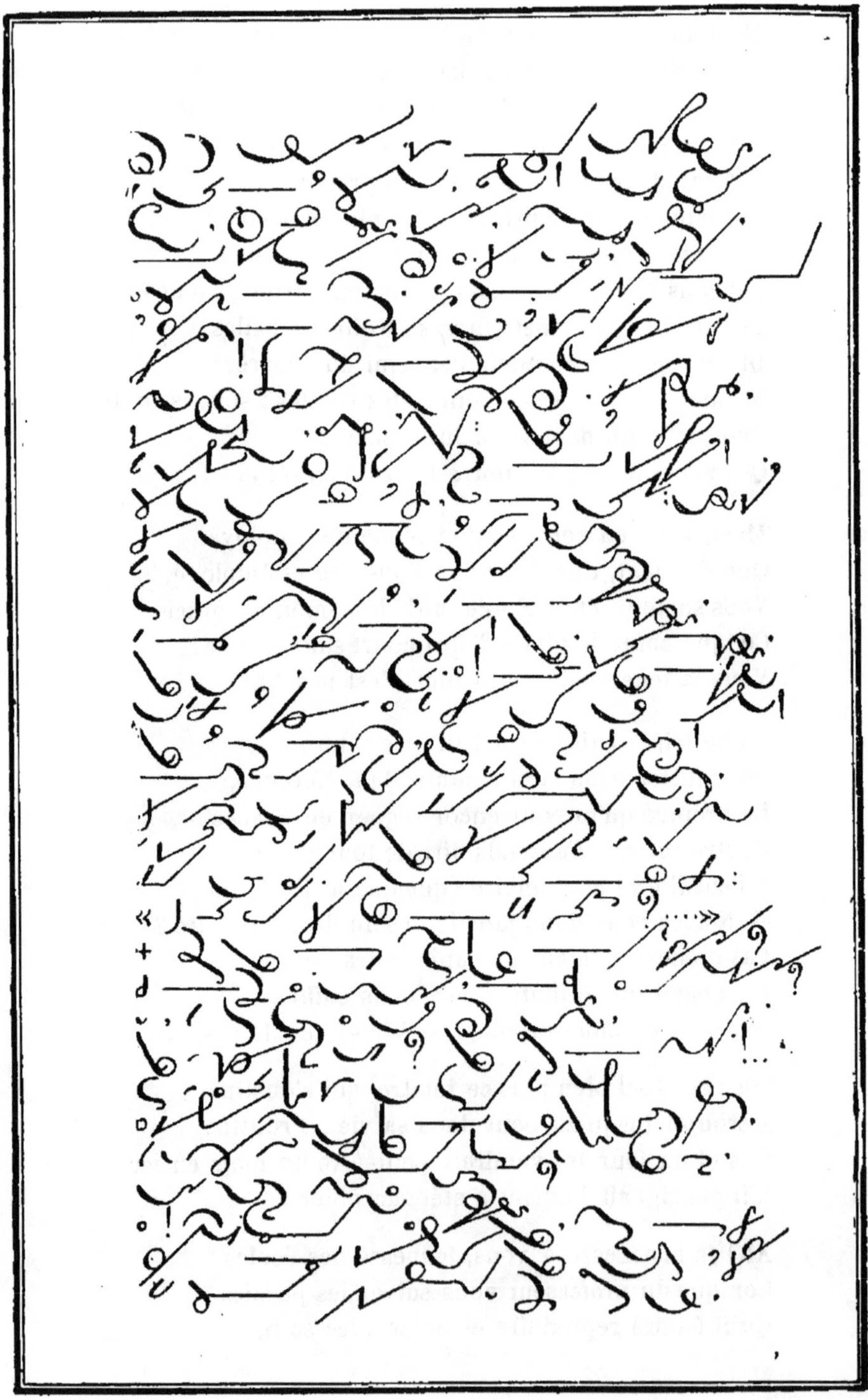

N'avez-vous donc jamais éprouvé le besoin
De signes moins rétifs que ceux du syllabaire!
Vous, pour qui le barreau, la tribune ou la chaire
Ont des attraits si forts, n'auriez-vous pas à cœur
De noter le discours d'un brillant orateur?
— « Mais ma main ne sera jamais assez agile... »
— Tentez, vous me direz si c'est bien difficile!

Voulez-vous composer vous-même une oraison?
N'a pas le don qui veut d'improvisation.
Il faut écrire; mais quel horrible supplice
De Tantale faut-il que l'écrivain subisse!
Une pensée arrive, elle vole, elle a fui;
Une autre vient après, fugitive comme elle;
Encore une autre... avec l'écriture usuelle,
Des trois en garde-t-il une à peine pour lui.
Mais est-il, au contraire, habile sténographe?
Avec l'agilité que met le photographe
A surprendre les traits qu'un rayon de soleil
Renvoie exactement devant son appareil,
Ainsi notre écrivain prend au vol la pensée
Qui de sa tête en feu part comme une fusée,
Sur la page à l'instant la fixe sans effort,
Telle, de son cerveau qu'en naissant elle sort.

O belle invention que la sténographie!
Que de temps épargné! Le temps à l'industrie,
Au commerce, au travail, à tout homme ici-bas,
Demandez ce qu'il est, ou bien ce qu'il n'est pas?

Qu'est-ce que le progrès, sinon cet assemblage
De moyens plus hâtifs qu'a su trouver notre âge
Pour économiser le temps et le travail?...
Qu'est-ce que la vapeur galopant sur le rail,
Ce fil qui sous les mers fait passer la parole,
Ces signes qu'on apprend sans aller à l'école?
— Cela, c'est le progrès, c'est le temps épargné;

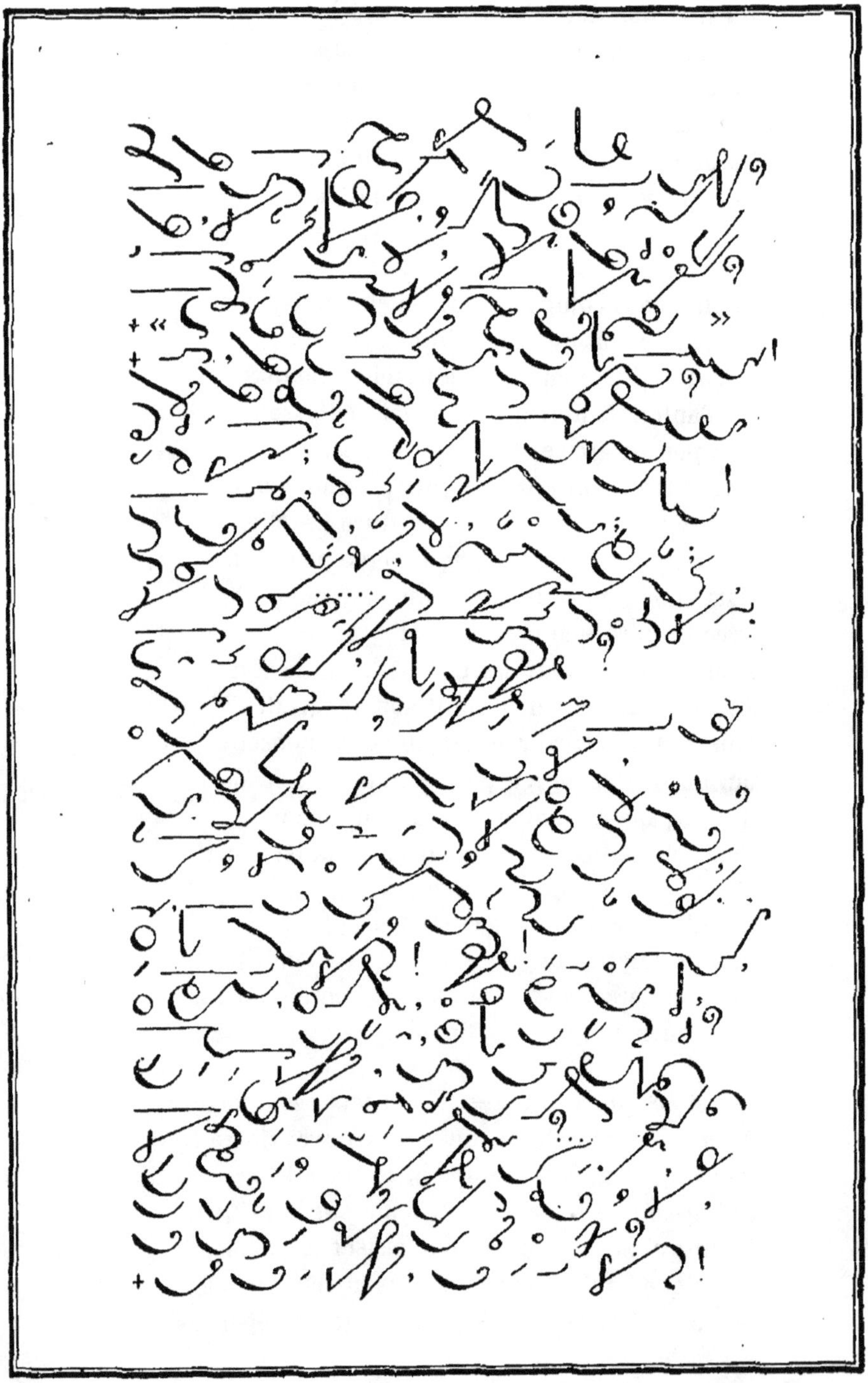

Or, qui gagne du temps, pour lui tout est gagné.
Aussi, cher Dûployé, quand je vois, d'aventure,
Quelque sot dénigrer, avec désinvolture
Appeler fantaisie, amusette d'enfant
Cet art qui deviendra, dans la suite des temps,
L'instrument du progrès dans toutes les carrières,
L'écriture commune aux langues étrangères,
Les mettant par ce fait, toutes à l'unisson,
Je ne puis retenir mon indignation :
Qui ne révolterait pareille impertinence?

Mais n'est-ce pas plutôt le fait de l'ignorance,
Me dis-je...? Le temps vient où toute illusion
Tombera devant toi, grande Exposition,
Splendide rendez-vous de toutes les puissances
Etalant à l'envi leurs richesses immenses.
Les arts les plus divers y viendront affluer,
Jùsqu'à l'art qui consiste à mieux s'entretuer.
Et nous, dont le drapeau signifie : Alliance,
Enseignement, Progrès dans l'art et la science.
Nous n'y trouverions pas une place d'honneur?
Il nous fallait cela pour vaincre tout obstacle.
L'étranger devant nous peut-il faire miracle?
On verra bien alors qui sera le vainqueur,
Pour moi, cher Duployé, qui sais que ces merveilles
Sont le fruit de quinze ans de travaux et de veilles.
Où vous mettez un tel désintéressement,
Qu'il n'a d'égal chez vous que votre dévouement,
Je reste confondu. Je ne saurais vous dire
Combien je vous bénis, vous aime et vous admire!

Justin GARY,

Membre de l'Institut sténographique des Deux-Mondes.

Cénevières, 13 décembre 1877.

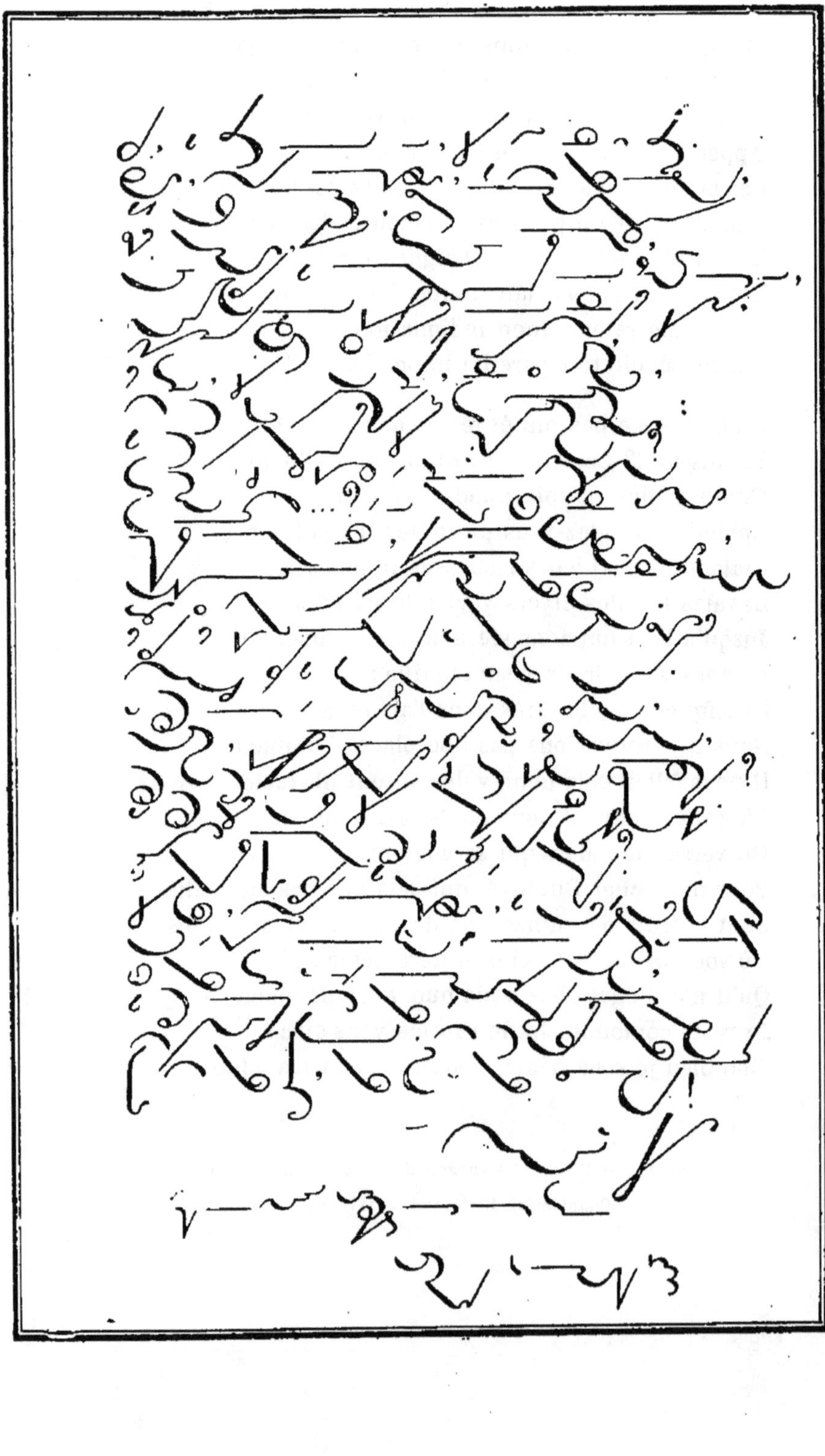

CHIFFRES STÉNOGRAPHIQUES

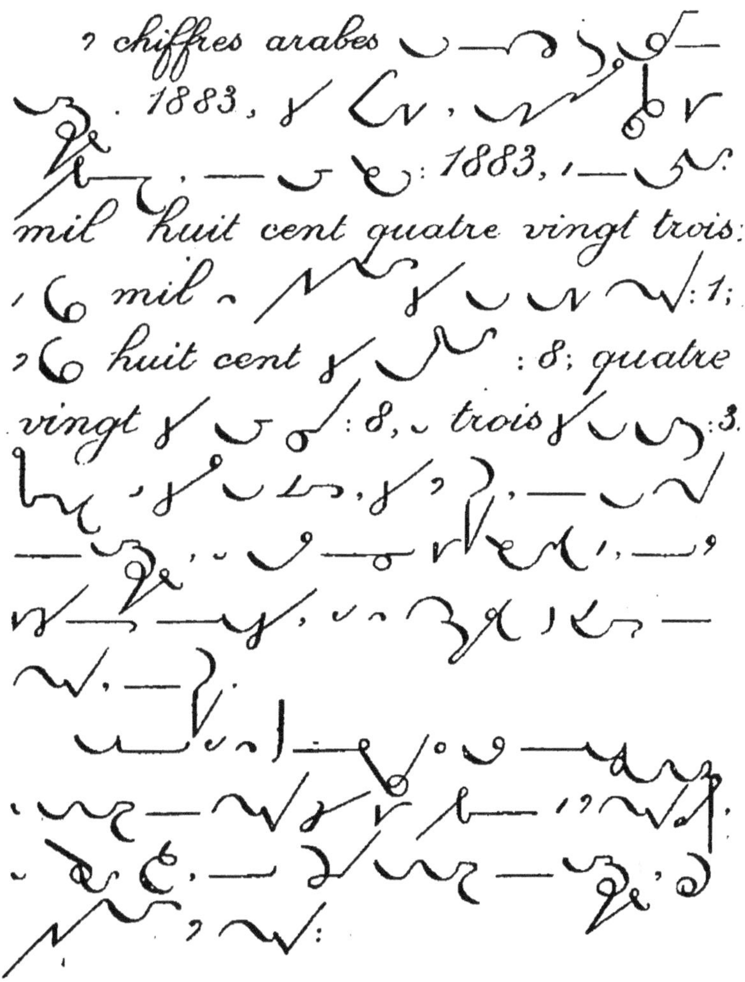

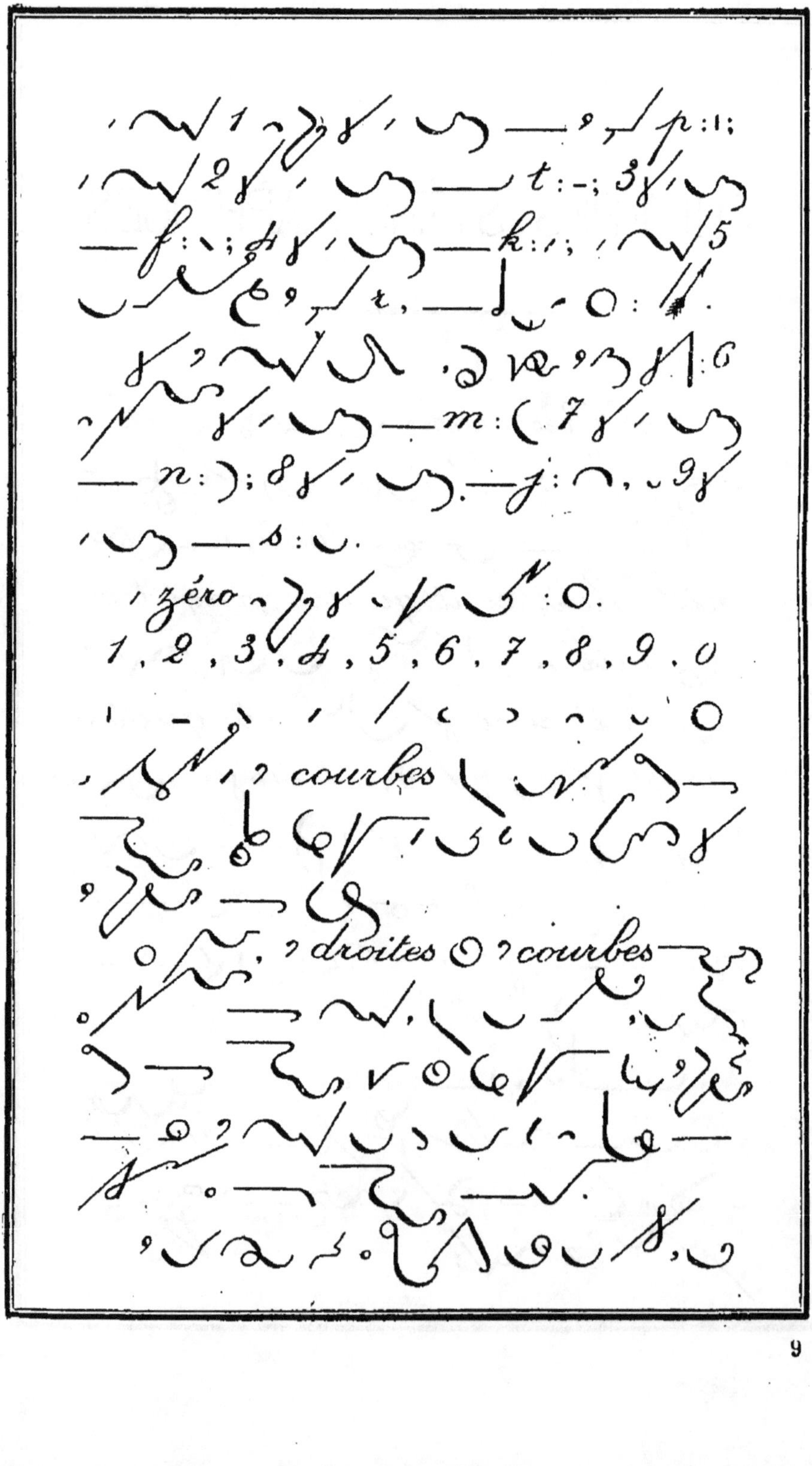
zéro
1, 2, 3, 4, 5, 6, 7, 8, 9, 0
courbes
droites
courbes

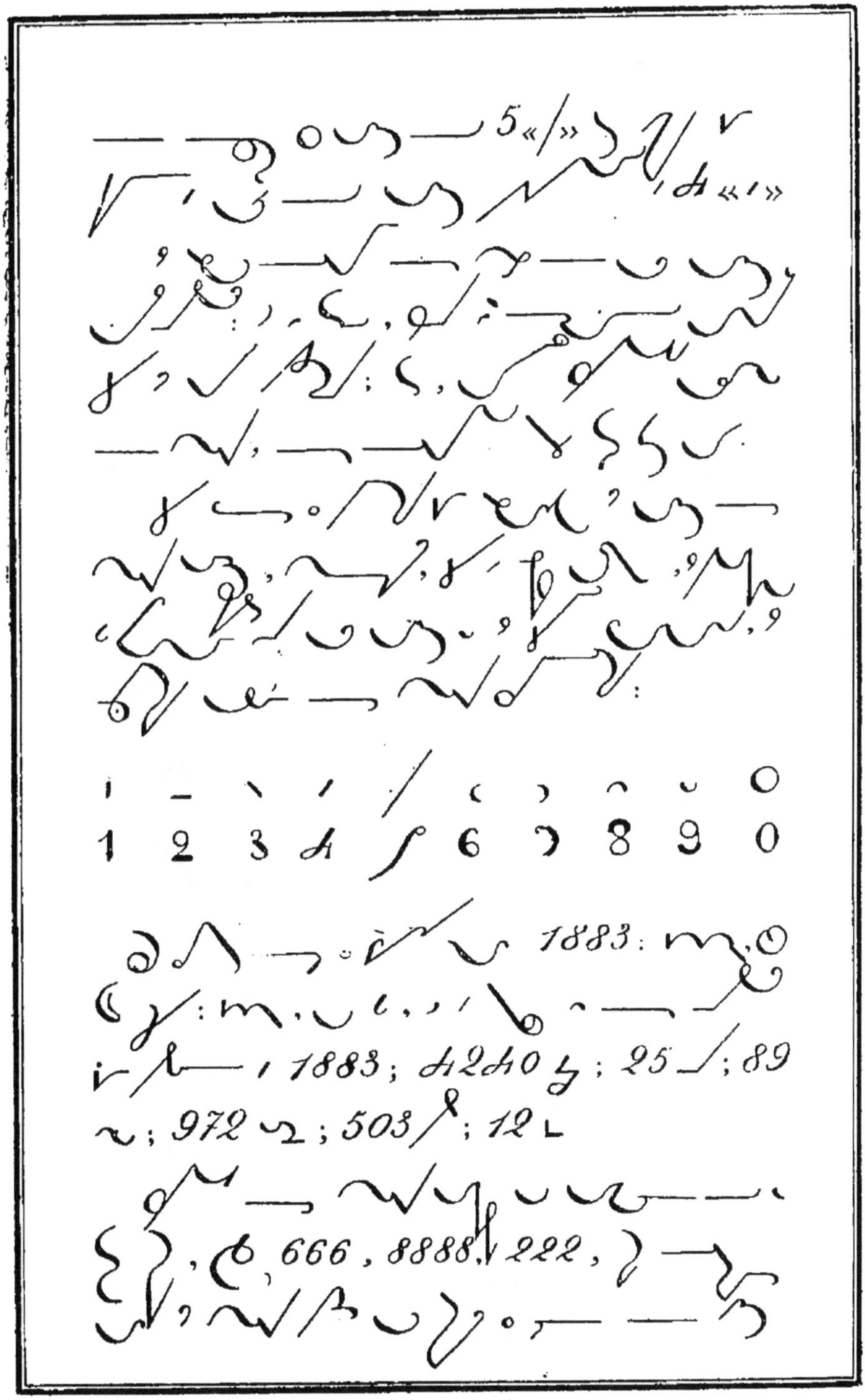
1 2 3 4 5 6 7 8 9 0
1883
1883 ; 4240 ; 25 ; 89
972 ; 503 ; 12
666 , 8888 , 222 ,

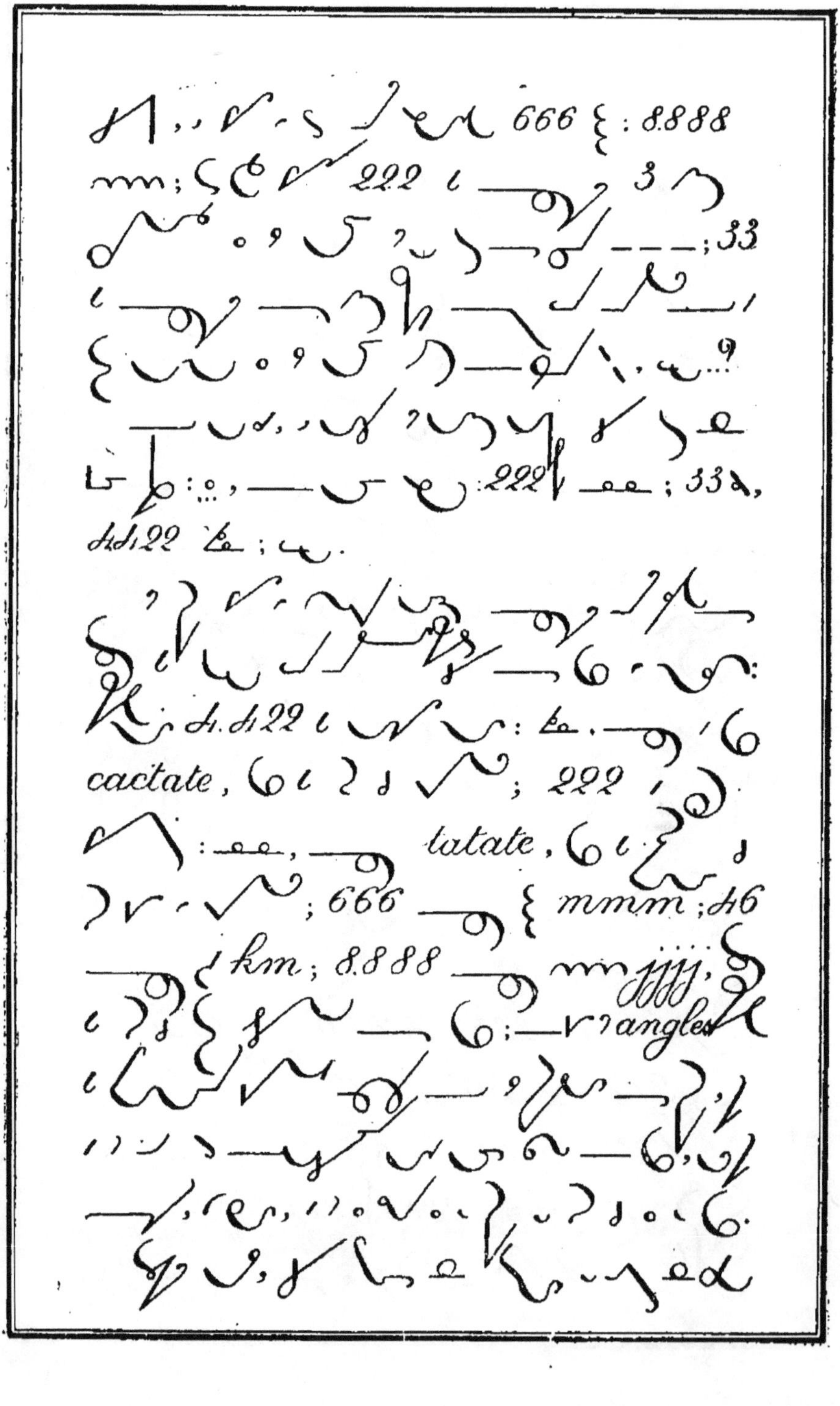

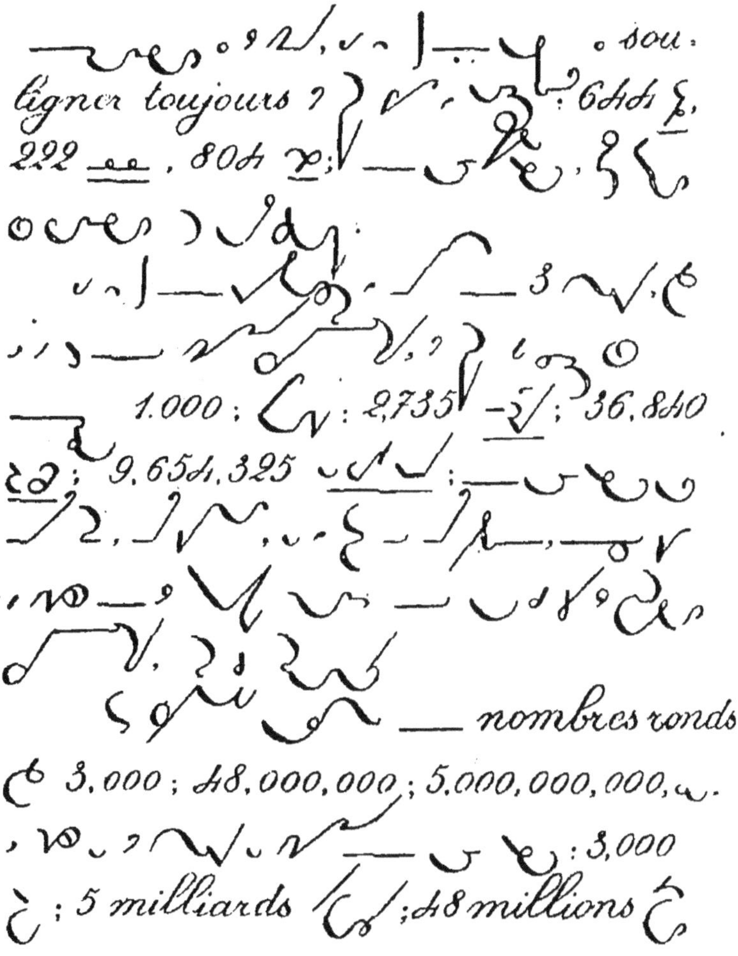
sou-
ligner toujours
6444
222
804
1.000
2,735
36.840
9.654.325
nombres ronds
3.000 ; 48.000.000 ; 5.000.000.000,
3,000
5 milliards
48 millions

MOYEN INFAILLIBLE

D'APPRENDRE LA STÉNOGRAPHIE

EN GAGNANT DU TEMPS

Les arts procurent agrément ⌣ profit, mais il faut d'abord les acquérir par ⌣ travail souvent long ⌣ opiniâtre. Seule ꞉ sténographie peut s'apprendre, non seulement ˏ peu — temps ⌣ sans fatigue, mais même ˏ gagnant — temps.

Comment cela ?

Toutes les personnes qui nous font l'honneur — nous lire ˏ ⌣ moment, écrivent chaque jour, pour elles-mêmes, O moins quelques lignes, sinon — pages entières.

Si, O lieu d'écrire ˏ écriture ordinaire absolument tout, elles nous imitaient ⌣ introduisaient peu ∘ peu — leur écriture certains mots tracés ⌐ sténographie : d'abord ʔ monosyllabes, puis ʔ 6 ι peu plus compliqués, n'est-il ь vrai /, par ◡ procédé, elles gagneraient, dès ʔ débuts, un peu — temps, car enfin — s'écrit plus rapidement que de ; / s'écrit plus vite que le, etc, ◡, plus tard, elles arriveraient ∘ gagner ι temps considérable.

Ꝺ recommandons instamment ∘ 𝟗 Ꝺ lecteurs cette manière — procéder. L'introduction des mots : de —, le /, ne ɔ, je ⌒, te –, etc. en sténographie, dans leur écriture ordinaire, ɔ leur causera évidemment aucune difficulté ni sous / rapport — l'écriture, ni sous celui — ʔ lecture ; elle leur donnera déjà une certaine économie — temps ; peu ∘ peu ils familiariseront avec ces signes, les emploieront préférence ceux l'écriture ordinaire; ils augmenteront insensiblement leur bagage sténographique arriveront peu temps écrire absolument tout sténographie cela leur grand avantage profit

Ils auront appris sténographie sans s'en douter, sans avoir consacré temps, même gagnant temps

moyen infaillible, conjurons instamment lecteurs livre vouloir bien l'employer non dès demain, mais aujourd'hui. Personne n'aura regretter d'avoir suivi conseil

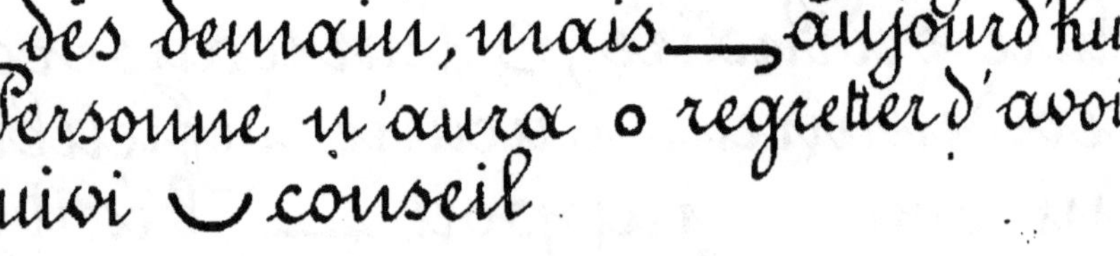

DISCOURS

Prononcé par M. RICHARD-ROYÉ, *président, lors du Concours sténographique régional organisé par l'*UNION STÉNOGRAPHIQUE LYONNAISE (17 avril 1876).

MESDAMES, MESSIEURS,

En présence de l'auditoire qui nous entoure, notre première impression est un vif sentiment de reconnaissance pour l'encouragement que vous apportez à nos jeunes lauréats, pour l'honneur que vous nous faites à tous. L'importance de la solennité est loin sans doute de répondre à votre empressement, non plus qu'à celui des concurrents qui sont au nombre de cent soixante-dix. (*Applaudissements.*) A notre grand regret, la modicité de nos ressources ne nous permet pas de distribuer plus de trente-quatre récompenses, alors qu'il en faudrait cent pour être juste! Trop souvent la différence entre les compositions était si minime, que le jury d'examen a plus d'une fois longuement hésité avant de rendre une sentence. Que ceux donc qui n'ont pas été favorisés dans cette première épreuve ne perdent pas courage, et qu'ils se préparent à rentrer en lice au prochain concours, avec un sérieux espoir de succès.

Quant à leurs rivaux heureux, ne les faisons point trop attendre. Le mot : *Sténographie*, inscrit en tête de notre programme, implique une idée de vitesse que nous tenons à justifier en ne sollicitant votre attention que pour quelques minutes. Il nous suffira de vous faire remarquer l'extrême simplicité du système que nous avons le privilége de posséder en France.

Au premier abord, on aurait peine à concevoir toute l'importance de la simplification des signes qui représentent la pensée. M. Noirot, l'illustre professeur de philosophie, qui a laissé à Lyon de si précieux souvenirs, faisait observer que l'écriture hiéroglyphique de l'ancienne Egypte, comme l'écriture syllabique des Chinois, compte autant de signes que de mots, et qu'avec de tels procédés, la vie d'un homme suffit à peine pour apprendre à lire. Dès lors, personne n'a le temps d'étudier la moindre science, et ce genre d'écriture est un obstacle invincible à tout progrès de civilisation.

L'écriture alphabétique, qu'on apprend à lire en quelques mois, représente les sons et non plus les objets. Cette différence, qui semble légère, a les plus vastes conséquences. Elle met de suite aux mains de l'homme un moyen d'étudier toutes les découvertes du passé, de correspondre avec l'humanité toute entière. Du reste, Dieu même employa l'alphabet pour graver ses commandements sur les tables du Sinaï, et Moïse aussi pour écrire les cinq premiers livres de la Bible. Pourtant, après deux siècles de séjour en Egypte, les hiéroglyphes pouvaient être familiers aux Hébreux, et surtout à Moïse, qui avait reçu à la cour de Pharaon une éducation royale. Mais, suivant une judicieuse remarque de M. l'abbé Guinand, doyen de notre faculté de théologie, le premier commandement, qui avait en vue l'abolition de l'idolâtrie, en disant : « Tu » ne feras point d'idole taillée, ni aucune image de ce qui est au » ciel, sur la terre ou dans les eaux, et tu ne les adoreras point, » ce premier commandement, disons-nous, prohibait par là même l'usage des hiéroglyphes, qui représentaient des animaux, des légumes, des objets de toute sorte, adorés comme des divinités par les Egyptiens.

Dieu fut donc le suprême propagateur de l'alphabet. On en a plus tard modifié et transformé les signes, mais sans le perfectionner beaucoup. Ne l'a-t-on pas, au contraire, encombré d'orthographe au point d'en faire une science colossale, dont l'étude exige des années, et constitue un nouvel obstacle à la civilisation ? (*Applaudissements.*) Chaque enfant se trouve ainsi enfermé dans un cercle vicieux, ou il ne peut rien étudier avant de savoir employer correctement son moyen d'étude, ou, s'il l'emploie prématurément, il prend l'habitude d'être incorrect.

C'est à ce moment que notre écriture lui apporte un double secours. D'abord, réservant l'orthographe pour les instants où l'élève a le loisir de consulter grammaire et dictionnaire, elle lui donne un moyen de lire sans hésiter dès qu'il sait l'alphabet, et d'écrire sans faute dès qu'il sait lire, c'est-à-dire au bout de huit jours! Puis, quand vient la leçon d'orthographe, on remplace la dictée par un texte sténographique que l'enfant traduit en consultant ses livres à loisir, dès lors, en n'écrivant pas un mot sans être sûr de son orthographe. C'est à ce procédé que les élèves de M. Gendre, instituteur de Seine-et-Oise, doivent d'avoir obtenu les premiers prix au concours général de ce département.

Ainsi, dès les premiers jours, la sténographie épargne à l'élève le temps et la peine de faire le brouillard ou première copie ; et quand plus tard elle lui est familière, elle lui permet de prendre avec infiniment moins de peine des notes beaucoup plus complètes, et d'épargner les trois quarts du temps employé à ses écritures personnelles. (*Applaudissements.*)

Dans l'antiquité, les chiffres romains ne se prêtaient à aucun calcul : il fallait employer des jetons. Plus tard, les chiffres arabes ont été inventés, et les calculs sont devenus faciles. Enfin l'algèbre, au moyen de signes plus simples encore, a permis la création d'une science qui, sans eux, n'existerait pas. Tous ceux qui connaissent les moindres eléments de chimie savent que cette science a décuplé depuis qu'on a simplifié sa langue par la nomenclature chimique. Or, la sténographie n'est elle-même qu'une simplification des signes. Elle constitue donc un nouveau progrès. Aussi n'est-il pas douteux que de jour en jour s'accroît le nombre des trente-cinq mille sténographes déjà signalés en France, il y a deux ans, par le *Journal officiel*. Et quand ces hommes de progrès déchargent leur main et leur cerveau des longueurs de l'écriture usuelle et des encombrements de l'orthographe, ne sont-ils pas comme l'avant-garde des soldats de l'intelligence, jetant le sac pour être les premiers à l'assaut ? *(Applaudissements.)*

Mais que parlons-nous d'avant-garde ? Toute la France devrait marcher ainsi. Les paisibles conquêtes de l'esprit n'exigent ni arrière-garde, ni réserve ; et, dans l'immense variété des fonctions sociales, une seule et même rivalité doit animer les cœurs, et leur faire dire à tous : *en avant ! (Applaudissements répétés.)*

Au reste, nous n'avons pas à hésiter. Nos bons voisins les Allemands entendent fort bien leurs intérêts, nous sommes payés pour le savoir... je me trompe : nous avons payé... pour le savoir ! Or, il est peu d'étudiants allemands qui ne connaissent plus ou moins la sténographie, et l'Allemagne compte deux cent quarante-trois sociétés sténographiques, alors que la France en a vingt-quatre. Précisément dix fois moins !

Hâtons-nous de regagner le terrain perdu. Nous le pouvons, il suffit d'agir. La sténographie Gabelsberger, dont les Allemands sont fiers par amour-propre national, est compliquée, difficile à apprendre, peu susceptible d'être proposée à de jeunes écoliers, moins encore à de petits enfants. Au contraire, rien ne saurait être plus simple que la sténographie Duployé. Comme le montre l'alphabet qu'on vient de vous offrir, elle exprime tous les sons de la langue avec deux signes seulement : le cercle et la ligne droite. Tous peuvent donc en user et en tirer avantage : les plus savants, pour multiplier les œuvres de leur génie ; les plus humbles, pour apprendre en peu de temps à lire et à écrire, au lieu de rester complétement illettrés.

Popularisons au plus vite l'usage de la sténographie française ! Si elle épargnait en moyenne, à chaque Français valide, un quart d'heure par jour utilement employé, à dix centimes par quart d'heure, ce serait en quinze ans un bénéfice de cinq milliards, sans parler des profits intellectuels qu'on ne saurait évaluer en argent. CINQ MILLIARDS ! c'était notre rançon ; sans coup férir, nous aurions pris notre revanche !

La sténographie Duployé est donc une œuvre philanthropique et patriotique à la fois. Lui refuserez-vous vos sympathies ? Non, sans doute, puisque déjà vous venez ici l'encourager. Nous vous en remercions, en vous priant de lui continuer cet encouragement,

Le journal *Les Mondes*, cette revue scientifique dont l'autorité est si grande, a publié, dans le n° 13 de sa 15e année (29 mars 1877), l'article suivant dont l'importance n'échappera à personne.

CHRONIQUE DE STÉNOGRAPHIE

SYSTÈME DUPLOYÉ

Les Français qui tiennent à honneur de conserver à leur pays dans toutes les branches du savoir, sa juste réputation de supériorité, ont vu avec joie l'étude de la sténographie prendre, en ces dernières années, un très-remarquable développement. Cet art, pratiqué depuis longtemps dans les colléges d'Angleterre, dans les écoles d'Italie, dans les gymnases d'Allemagne, et regardé par nos voisins comme le complément obligé de toute éducation libérale, était en France, il y a dix ans, généralement ignoré. A part quelques rares privilégiés, dont la patience avait surmonté les difficultés rebutantes des méthodes en usage, le public lettré se faisait de la sténographie l'idée d'une connaissance professionnelle réservée comme un instrument à certaines gens de métier.

Les persévérants efforts d'un homme de courage et de talent, qui, possesseur d'une grande idée, lui a consacré son repos et sa vie, ont eu raison de ce préjugé. La popularité croissante qui s'est attachée au nom de M. Duployé est la meilleure preuve de l'influence exercée par ses écrits sur les dispositions de l'esprit public. Le revirement produit a pris un caractère de promptitude et d'universalité qu'on ne saurait méconnaître.

La sténographie Duployé est aujourd'hui enseignée dans plus de mille écoles ; en moins de trois ans 920 diplômes ont été délivrés par l'Institut sténographique des Deux-Mondes ; près de 200 volumes ont été publiés en sténographie ; 8 journaux sténographiques, hebdomadaires ou mensuels, paraissent régulièrement. Enfin, dans bon nombre de départements, des cercles locaux officiellement reconnus excitent l'émulation des sténographes en décernant des prix de vitesse, organisent des concours entre les établissements d'instruction où la sténographie est enseignée, font imprimer des bulletins, distribuer gratuitement des alphabets et des méthodes, font circuler des cartes postales écrites en sténographie, et répandent ainsi dans la société une connaisance aussi précieuse que facile à acquérir.

En dehors de son application restreinte à l'art oratoire, la sténographie est, en effet, d'une incontestable utilité pour tous ceux qui veulent s'instruire. Par elle, au lycée, l'élève s'exerce à prendre les leçons des professeurs et à rédiger les différents cours d'histoire, de géographie. En même temps qu'il diminue le travail matériel de ses études, aujourd'hui si considérable, il apprend à cultiver son attention, la lecture des manuscrits sténographiques exigeant, au début, une plus grande application d'esprit.

Aux facultés de droit et de médecine, l'étudiant recueille sans fatigue les leçons des maîtres, souvent plus profitables que leurs ouvrages; ses cahiers à la main, il revient chez lui pour travailler à loisir, sur des données certaines, et non plus sur des notes incomplètes, inexactes même, à force de brièveté.

« La meilleure manière — et nous serions tenté d'ajouter la seule — la meilleure manière de devenir orateur, a dit excellemment M. Vasserot, c'est de s'écouter soi-même. » Prenons deux jeunes gens désireux d'acquérir une diction élégante et facile : l'un parle, l'autre sténographie, puis ils se relisent ensemble. Qu'arrive-t-il ? Ils sont frappés des négligences de style, des lacunes dans l'enchaînement des idées; ils élaguent les répétitions fastidieuses, ils corrigent les mauvaises locutions, ils rectifient les tournures vicieuses; et ce contrôle rigoureux et réciproque a promptement raison de tous les défauts de leur improvisation.

Au barreau, l'avocat sténographe note, avec des développements que ne lui permettrait pas l'écriture usuelle, les principaux arguments de son adversaire, pour les rétorquer avec plus de force. Il n'est pas sans avantage pour lui, dans certains cas, de pouvoir opposer à sa partie ses propres paroles textuellement citées.

Sans parler des greffiers et des secrétaires, de quelle utilité ne serait pas la sténographie aux présidents de cours d'assises, qui sont dans l'obligation de résumer des débats parfois longs et compliqués ?

On comprend, sans qu'il soit besoin d'y insister, quels services rend à la presse périodique l'écriture abréviative. Dans les congrès scientifiques, dans les assemblées électives, au sermon, en société, dans les réunions publiques, dans les banquets, son emploi est de tous les instants. Les conférences, les causeries, sont certainement, à notre époque, le mode d'enseignement le plus goûté. Quelle satisfaction n'éprouve-t-on pas à pouvoir s'approprier cette multitude de connaissances, cette moisson de faits qu'on est appelé ainsi à recueillir ? On se crée, par la sténographie, une bibliothèque personnelle extrêmement précieuse; on se ménage la possession de documents d'une importance exceptionnelle; et c'est toujours avec joie qu'on retrouve, après de longues années, la reproduction des paroles fugitives qui vous ont autrefois charmé.

« Combien d'hommes publics, de magistrats, de savants, de gens de lettres, qui passent plusieurs heures par jour à prendre des notes, à recueillir des extraits, ou à conserver copie de ce qu'ils ont écrit ? Avec la sténographie, ce qu'ils mettaient deux ou trois heures à faire, ils le feront en une demi-heure.

Rappelons, à cette occasion, l'opinion d'un corps illustre, de l'Académie des sciences, formulée en ces termes par les délégués Vandermonde, Roi et Cousin, chargés d'examiner la tachygraphie de Thévenot :

« Tout le monde conviendra de l'utilité d'une méthode pour écrire « aussi vite qu'on parle. Elle en a dans ses usages publics pour garan- « tir de l'infidélité inévitable des extraits, dans les interrogatoires, « les dépositions, les confrontations ; pour rendre un compte exact « des discussions, où rien ne jette plus de lumière qu'un mot « échappé dans la chaleur du discours ; pour ne rien perdre des le- « çons, des exhortations, des plaidoyers, des harangues. Elle en a « dans ses usages particuliers, pour épargner le temps de ceux qui « ont beaucoup de minutes à faire ou à dicter. Que de choses n'ou- « blie-t-on pas parce qu'on a négligé de les écrire ? Et combien « n'en écrirait-on pas si l'on ne redoutait la perte du temps néces- « saire pour les fixer sur le papier ?... Combien la chaleur de la « composition n'est-elle pas ralentie par la nécessité d'attendre, « pour écrire la pensée dont on est occupé, que celle qui a pré- « cédé soit transcrite ? »

Cet inconvénient est assurément le plus sérieux ; et tous ceux qui se livrent à un labeur intellectuel ont maintes fois l'occasion de s'en plaindre. L'écriture ordinaire ne peut suivre la parole, et *à fortiori*, la pensée. Quand le cerveau en travail enfante une multitude d'idées qui se pressent pour en sortir toutes à la fois, l'impuissance de la main à les immobiliser assez vite est cause que la plupart de ces idées s'envolent et se perdent. Aussi, l'un des bienfaits de la sténographie est-il d'apporter aux savants une écriture plus commode et plus appropriée à leurs besoins. *Vulgariser la sténographie pour faciliter le travail intellectuel*, telle est la devise de l'Institut sténographique des Deux-Mondes.

Mais pourquoi cette devise porte-t-elle en même temps ces mots : *Et pour hâter l'acquisition de l'instruction élémentaire ?* Nous avons vu tout à l'heure quel rôle important la sténographie est appelée à remplir dans l'enseignement secondaire ; mais que peut-elle servir aux enfants des écoles primaires, de nos orphelinats, de nos salles d'asile ? Les pauvres petits n'ont déjà que trop de peine à s'assimiler la lecture courante et l'écriture usuelle.

Réfléchissons un instant avant de formuler une réponse qui serait prématurée.

La transcription des sons, qui, dans notre langue, se fait de la manière la plus capricieuse (1), est, pour les commençants, la

(1) Tel son simple, A par exemple, est représenté par 52 combinaisons. Tel groupe de lettres, ENT, peut se prononcer de quatre manières différentes. Aussi, si l'on a dit des Chi

source de difficultés infinies. La sténographie les leur épargne en partie, toutes les fois qu'elle ne les fait complétement évanouir : telle est l'opinion de tous les instituteurs qui l'enseignent. Tous déclarent que les petits enfants saisissent très-promptement le mécanisme de l'alphabet sténographique, plus logique et moins compliqué que l'alphabet usuel. On peut dès lors leur apprendre la grammaire de la langue *parlée* sans les accabler de raisonnements anticipés, et leur faire faire des *devoirs de style* sans tomber dans l'écueil de la cacographie.

L'enfant qui suit une dictée orale n'a pas le loisir de réfléchir et moins encore de chercher les mots dans un dictionnaire; il les écrit au hasard, il fait nécessairement des fautes, et, en les commettant, il s'habitue à écrire mal. *Son* orthographe vicieuse lui reste sous les yeux, et a tout le temps de pénétrer dans son esprit, jusqu'au moment où le maître passe pour la rectifier.

Si l'instituteur, au contraire, écrit au tableau noir, en sténographie, les phrases à orthographier, l'élève, qui a devant les yeux ces paroles immobilisées, peut, avant de les transcrire, réfléchir et consulter son lexique. Les élèves les plus faibles n'écriront, il est vrai que la moitié de la dictée, tandis que les plus forts l'écriront tout entière; mais une demi-dictée écrite avec réflexion ne vaut-elle pas mieux, pour ces pauvres derniers, qu'une dictée complète écrite à la vapeur ?

Transformée en *version* sténographique, la dictée, si fatigante pour l'instituteur, devient un exercice *silencieux* qui se fait *sans le secours du maître*. Celui-ci peut donc consacrer le temps qui reste à ses élèves les moins avancés. Il peut surtout, ce qui est extrêmement important, faire exécuter à ses enfants, *en dehors de l'école* pendant les longues soirées de l'hiver, des *exercices orthographiques*. Il lui suffit pour cela de remettre des textes en sténographie, imprimés ou manuscrits, dont ils devront rapporter la traduction.

Ajoutons qu'en se servant de la sténographie comme d'une écriture expédiée, les enfants n'ont plus aucune occasion de déformer leur écriture propre. Il y a mieux : avec ses courbes amples et ses verticales hardies, la sténographie permet à l'élève d'acquérir une sûreté de tracé et une légèreté de main telles, que les divers genres de calligraphie lui deviendront aisément familiers.

Tels sont les bienfaits que l'on est en droit d'attendre d'un

---

nois que les plus lettrés d'entre eux meurent sans avoir appris tous les caractères de leur langue, peut-on affirmer que l'immense majorité des Français est hors d'état d'apprécier les relations exactes de l'orthographe et de la prononciation. Ces difficultés, qui font hésiter quelquefois des hommes très-instruits, empêchent un grand nombre d'enfants de s'assimiler suffisamment l'écriture usuelle pour en tirer parti; et ceux qui parviennent à ce résultat ne l'acquièrent qu'au détriment de l'instruction proprement dite, car ils sont forcés de consacrer, pour ainsi dire exclusivement, à l'étude de l'orthographe, les trois ou quatre années qu'ils passent sur les bancs de l'école.

bonne méthode de sténographie. Pitman et Gabelsberger ont doté l'Angleterre et l'Allemagne de systèmes appropriés aux idiomes de ces deux pays; leurs disciples forment maintenant des légions innombrables. Les gouvernements allemands se sont déclarés les protecteurs de cet art, et l'ont si bien encouragé, qu'il existe aujourd'hui en Allemagne 253 sociétés vulgarisatrices et 68 journaux publiés en sténographie. L'Institut royal de sténographie, à Berlin, est une création officielle.

Ces Allemands s'efforcent de tout envahir: ils ont adapté leur système aux langues anglaise, russe, italienne, etc. Dans toutes les capitales de l'Europe, ils placardent leurs traités de sténographie avec cette présomptueuse mention : *Supérieure à toutes les méthodes françaises !* Et nous, Français, qui possédons un instrument plus parfait que le leur, une méthode basée sur les règles philosophiques les plus rigoureuses, et, partant, d'une application facile aux idiomes des autres nations, nous ne relèverions pas le gant ! Nous resterions à croupir dans notre infériorité, et nous ne rougirions pas de nous laisser battre sur ce terrain à notre propre exposition de 1878 !

Espérons, pour l'honneur de notre pays, qu'il n'en sera pas ainsi, et que, de toutes parts, des hommes courageux, se levant à l'appel de l'Institut sténographique, viendront combattre dans ses rangs et l'aider à porter haut et ferme le drapeau de la France ! »

JOSEPH DEPOIN.

DISCOURS

Prononcé par M. SEIGNETTE, *agrégé de l'Université, Docteur ès Sciences, Directeur du* Journal des Instituteurs, *à la distribution des prix du Congrès de l'enseignement sténographique (12 août 1900).*

« Mesdames et Messieurs,

« Ce n'est pas sans un réel et bien légitime embarras que je prends la parole devant votre savante assemblée.

« Presque ignorant de votre art, je me vois en effet au milieu de vous à une place que d'autres plus autorisés rempliraient beaucoup mieux. Il me semble que je ne me suis pas assez défendu (je n'ai guère résisté qu'une demi-heure) quand mon vieil ami, M. Richardet, votre si sympathique directeur, est venu me faire l'honneur, le très grand honneur, de m'offrir la présidence de la fête qui termine vos travaux.

« Je lui ai bien dit, qu'en toute justice, c'est celui qui a été à la peine qui doit être à l'honneur, et qu'il m'était impossible, empêché par d'autres occupations, de prendre part d'une manière active aux travaux du Congrès. J'ai invoqué mon incompétence, le talent de vos maître. Et puis... et puis, j'ai cédé.

« J'ai cédé sous l'influence de deux sentiments : le premier, je vous l'avouerai en toute sincérité, c'est le plaisir si grand, si rare que j'ai de m'adresser à un groupe d'hommes tel que celui que vous formez, un groupe d'hommes d'élite ayant déclaré à la routine une guerre sans trêve, et formant l'infatigable avant-garde de nos conquérants intellectuels,

« Le second, je dois le dire aussi, puisque je suis entré dans la voie des aveux, c'est un sentiment voisin du remords ; j'ai été heureux de saisir l'occasion d'adorer devant vous tous ce que j'avais brûlé autrefois.

« Oui, Mesdames et Messieurs, je suis un converti, mais un converti bon teint.

« J'avais comme tant d'autres, appris par mes professeurs d'écriture (à qui je fais bien peu honneur sans avoir appris la sténographie) que cette maudite *sténographie*, que d'ailleurs ils ignoraient, déformait à tout jamais l'écriture ; par mes professeurs de grammaire qu'elle bannissait la sainte orthographe, idéal de leur enseignement ; par mes professeurs de classes supérieures (là où pendant trois ou quatre ans, pliés en deux, le dos voûté, nous prenions des notes en écrivant sur nos genoux) qu'elle empêchait, en permettant de conserver toutes les paroles du maître, de faire l'analyse et le résumé de sa pensée, et qu'elle avait pour effet de rendre l'esprit paresseux, en remplaçant un travail intellectuel par une opération de transcription toute machinale.

« Un autre inconvénient (plus grave aux yeux des professeurs de lettres, et qu'ils ne s'avouaient peut-être qu'à eux-mêmes) c'est que la sténographie photographiait en quelque sorte les phrases du professeur ; je me souviens encore des regards inquiets et malveillants qu'ils jetaient sur ces caractères hiéroglyphiques et mystérieux qui laissaient une trace indéniable des imperfections de langage inhérentes à l'improvisation.

« Tous mes maîtres ne voyaient dans la sténographie qu'un procédé absolument mécanique que d'habiles manœuvres pouvaient utilement employer pour la transcription des discours non écrits, ou d'interrogatoires importants.

« Oui, Mesdames et Messieurs, c'est dans ces idées, que je ne qualifierai pas, que ma génération scolaire a été élevée et j'invoque auprès de vous le bénéfice des circonstances atténuantes, pour la fâcheuse impression que j'ai ressentie lorsque, professeur moi-même, j'ai surpris quelques élèves (c'étaient des étrangers, particulièrement des Autrichiens) sténographiant mon discours.

« Cependant je ne tardai pas à m'apercevoir que c'étaient mes meilleurs élèves qui sténographiaient.

« D'autre part des maîtres, des maîtres de l'enseignement primaire entreprenaient de dissiper mes fausses préventions et luttaient patiemment contre les préjugés que mon éducation avait si bien enracinés.

« Ils me montraient affectueusement l'écriture de nombreux sténographes et il fallait bien reconnaître que pas un n'écrivait aussi mal que moi, moi qui n'avais pas appris la sténographie ; — ils me montraient que ces sténographes avaient une orthographe excellente et me soutenaient, avec les arguments les plus serrés, que, loin de fausser l'orthographe, l'usage de la sténographie pouvait, entre les mains d'un bon maître, devenir un auxiliaire puissant pour son enseignement.

« Je m'instruisis un peu. J'appris que, dans l'histoire de cette antiquité que nos professeurs nous donnaient toujours pour modèle, ils avaient omis de nous dire que les Grecs pratiquaient votre art et que du temps de Cicéron toute la jeunesse instruite de Rome écrivait avec des *notes abrégées et de telle façon que quelque vite que les paroles soient prononcées, la main des scribes est encore plus prompte. A peine*, dit Martial, *votre langue finit-elle de parler, que la main a déjà tout écrit : elle prend au vol les paroles de l'orateur.* On me montra même des spécimens de l'ancienne *tachygraphie romaine* que je considérai avec un vif intérêt.

« J'hésitais encore, cependant, à croire à la nécessité de l'introduction de la sténographie dans nos programmes, tant sont fortes les premières impressions, tant est grande l'influence de l'éducation, quand j'eus le bonheur de connaître M. David, votre si zélé rédacteur, et M. Fauconnier, dont vous connaissez tous le dévouement à votre cause, qui, avec leur zèle d'apôtres, luttèrent contre mes dernières objections avec l'accent communicatif de leur intelligente conviction.

« La lumière s'est faite depuis (il y a de cela une dizaine d'années), je suis des vôtres, et j'ai de toutes mes forces, avec la foi des néophytes, pris la défense de la sténographie contre les détracteurs.

« C'est pour ne pas manquer l'occasion unique de dire bien haut et bien loin les services que vous rendez et que vous rendrez que j'ai accepté l'honneur immérité que M. Richardet est venu m'offrir. Je suis heureux de pouvoir affirmer que, sur le soir de ma vie, j'ai pu dissiper les brouillards qui en ont obscurci le matin.

. . . .

« Je viens de prononcer le mot détracteurs. Oui, il y a encore des détracteurs, des ennemis de la sténographie ; mais une considération qui est bien de nature à nous tranquiliser, c'est que ceux qui attaquent la sténographie sont ceux qui ne la connaissent pas. Je n'ai jamais vu un homme qui, ayant seulement consacré quelques semaines à l'étude de votre art, n'en soit devenu un défenseur convaincu.

« Parmi tous les avantages incontestables de l'emploi habituel de la sténographie, avantages que vous avez si bien mis en lumière dans vos différentes réunions, il y en a un, dont la valeur est si grande, que fût-il le seul, il justifierait cette étude, même pour les esprits les plus prévenus.

« Le temps, cette précieuse étoffe dont notre vie est faite, vous le ménagez, vous l'économisez si bien qu'avec un même capital de ce temps vous obtenez sans peine des intérêts plus considerables ; et, comme le temps n'a de valeur que par la façon dont on l'emploie, vous augmentez en quelque sorte la durée de la vie.

« L'élément rapidité tend à acquérir chaque jour, dans notre civilisation agitée, une plus grande importance.

« Dans l'industrie, dans le commerce, c'est une lutte enfiévrée, de plus en plus ardente, de plus en plus brûlante, pour conquérir, par d'ingénieuses tranformations de procédés ou de machines, quelques heures, quelques minutes, *quelquefois moins encore,* dans une fabrication ou dans un moyen de transport.

« Vous voyez, depuis des années, nos ingénieurs travailler à grands frais pour modifier la forme de nos locomotives et de nos vaisseaux, afin de gagner quelques instants dans le parcours de longs trajets.

« Vous voyez apparaître les automobiles (qui nous écrasent encore un peu trop), mais qui bientôt humilieront nos chevaux de course.

« Vous assistez à la concurrence effrénée des constructeurs pour fournir aux cyclistes endiablés le développement le plus considérable au moyen d'une savante multiplication.

« Je ne parle pas de l'art de la guerre actuelle où la plus grande rapidité dans le déplacement compte plus encore que la valeur des armées et le nombre des combattants pour la garantie du succès.

« Je ne parle pas non plus du télégraphe et du téléphone qui suppriment les distances.

« Que nous sommes loin d'Alceste ! il ne dirait plus de nos jours : *le temps ne fait rien à l'affaire !*

« Toutes ces grandes manifestations matérielles de la valeur incalculable du temps, le grand public les comprend et les apprécie.

« En est-il absolument de même si nous quittons le domaine des applications et si nous considérons un autre horizon plus modeste mais non moins étendu, si nous considérons l'enseignement de nos enfants, c'est-à-dire l'avenir.

« La valeur du temps est très appréciée dans nos écoles, elle y est même enseignée. J'ai recueilli sur les murs d'excellentes maximes :

« *Hâtons-nous, le temps fuit et nous traîne avec soi* » (Boileau).

« *Il faut être plus avare de son temps que de son argent* » (Christine de Suède).

« *Toute perte de temps se traduit par une diminution de la fortune publique* » (Em. de Girardin).

« Et bien d'autres aussi justes.

« L'ordre qui est une des meilleures formes de l'enseignement de la valeur du temps, est aussi extrêmement recommandé dans nos écoles. J'ai même assisté à une excellente leçon sur ce sujet il y a quelques jours :

« Le maître enseignait l'ordre à ses élèves au moyen d'une suite d'exemples, d'abord simples, puis de plus en plus élevés et enfin il terminait en leur parlant de l'homme qui, à son avis, avait peut-être produit la plus grande somme de travail intellectuel, le grand naturaliste Cuvier, dont les travaux extraordinaires rempliraient l'existence de bien des savants. Il leur disait que c'était aussi l'homme qui avait toujours eu l'ordre le plus scrupuleux. Il leur racontait que ce grand savant, pour ne pas perdre un instant de sa vie, avait, dans ses laboratoires, 17 tables sur chacune desquelles il avait un travail en cours ; livres, objets divers, notes, tout restait en place sur la table qu'il quittait.

« Personne n'avait le droit de rien changer aux places occupées, tout au plus permettait-il d'enlever prudemment la poussière.

« En reprenant le travail, Cuvier n'avait rien à chercher, rien à déplacer, et pas une minute de son temps si heureusement employé n'était perdue.

« Tous nos maîtres, tous nos maîtres primaires apprécient donc la valeur du temps et s'efforcent de le faire apprécier à leurs élèves. Mais adoptent-ils toujours les moyens les plus efficaces pour obtenir la plus grande somme de connaissances durables dans le moins de temps possible ? Depuis plus de dix ans, je n'ai cessé de chercher par l'emploi de méthodes spéciales à développer cette idée du travail rapide et durable. Combien de fois n'a-t-on pas essayé de réfuter mes arguments par cet adage, vrai, dans certains cas, mais qui m'est devenu odieux par suite de la manière fausse, sans doute, dont je l'ai souvent vu interprété : *Le temps ne respecte pas ce que l'on fait sans lui !*

« En appliquant trop à la lettre et en généralisant ce principe, qui, je le répète, peut être excellent dans certains cas, on encourage l'enfant à travailler lentement, à travailler mollement. Habituons-le, au contraire, à *enlever le travail*.

« Si j'en crois, en effet, une longue expérience, les enfants, comme nous d'ailleurs, ne font bien que ce qu'ils font avec plaisir et ils ne font avec plaisir que ce qu'ils font avec une certaine rapidité ; de plus, un travail, pour être fructueux, doit nécessiter un certain effort et l'effort chez l'enfant ne saurait être de longue durée.

« Eh bien, parmi ces méthodes rapides que nous ne saurions trop préconiser, la sténographie ne se présente-t-elle pas tout d'abord? Combien vous faites œuvre utile en cherchant à faciliter et à répandre son enseignement! Combien surtout vous avez raison de proposer cet enseignement dès l'entrée à l'école, à cet âge où les impressions sont plus profondes et plus durables, et où la mémoire, dans toute sa fraîcheur, travaille sans fatigue!

« Mais que de difficultés à vaincre avant d'obtenir le succès qui couronnera vos si laborieux efforts! Combien de fois vous dira-t-on que la sténographie constituerait un enseignement de plus et que les programmes sont déjà trop chargés! Combien de fois ne vous faudra-t-il pas essayer de faire comprendre que, loin de surcharger les programmes, cette étude aide à les suivre, puisqu'elle fait gagner du temps! Que de peine avant de convaincre qu'au moyen de la sténographie l'élève apprend l'orthographe par la logique et par le raisonnement!

« Mais, vous l'avez déjà prouvé, vous n'êtes pas hommes à vous décourager, et voyant chaque jour grossir votre armée, vous travaillez avec l'ardeur que donne la foi dans le succès.

« Vous subissez et subirez encore les difficultés qui attendent tous ceux qui veulent lutter contre les habitudes prises, contre la routine; tous ceux qui, les regards dirigés vers l'avenir, ont conscience que leur devoir est d'orienter les idées de leurs contemporains vers une lumière visible seulement pour leurs yeux de précurseurs, lumière qui éclairera bientôt l'utopie d'aujourd'hui pour en faire la réalité de demain. »

EXTRAITS DU DISCOURS

prononcé par M. ALLENGRY, *Inspecteur d'Académie à Limoges, à la distribution des prix du Concours sténographique de Périgueux (1903).*

« Si nous envisageons l'enseignement en lui-même, je vois, dans la sténographie, une méthode intéressante pour apprendre l'orthographe. Ceci, au premier abord, pourra paraître paradoxal; comment apprendre en effet l'orthographe et ses subtilités traditionnelles, sacro-saintes, comment l'apprendre en se servant de ces fines et rapides arabesques que l'on appelle l'écriture sténographique ou phonétique? Rien de plus certain, cependant.

« Veuillez, en effet, réfléchir au temps considérable que nous consacrons encore dans nos écoles à apprendre l'orthographe. Pensez à la place énorme qu'elle occupe dans les exercices élémentaires de français. Faut-il s'en plaindre ou s'en louer? Je n'ai pas à le dire. Toujours est-il que, si vous abrégez cette longue période d'initiation, vous gagnez du temps que vous pouvez employer à d'autres exercices scolaires. Et je suis convaincu que non seulement on gagne du temps, en apprenant l'orthographe par les dictées sténographiques, mais encore on apprend l'orthographe d'une façon plus rationnelle, plus réfléchie. Supposons, en effet, un maître qui écrit une dictée au tableau noir en caractères sténographiques. Les élèves doivent la traduire en orthographe ordinaire sur leurs cahiers. Chaque signe visuel traverse une double traduction : d'abord la traduction phonétique, car l'élève *voyant* un signe, doit *prononcer* mentalement un *son* : puis une traduction orthographique, car le *son* devient, sur le cahier de l'élève, un *signe* d'écriture ordinaire. Admirez cet ingénieux mécanisme, ce double travail de la pensée, et convenez avec moi qu'un esprit d'enfant qui se livre à cette gymnastique, est autrement exercé que celui qui entend la lecture monotone de certains mots et les inscrit mécaniquement sur son cahier. Le premier dépense deux fois plus d'activité et de réflexion; il acquiert l'habitude de la réflexion, et j'ajouterai l'habitude de la *logique phonetique*.

« Oui, ce qui caractérise la sténographie, c'est sa logique phonétique, car elle représente le même son avec un signe invariable, qui est toujours le même.

« Vous savez qu'au contraire l'écriture orthographique ordinaire représente le même son par des signes différents, ou réciproquement : des sons différents par des signes identiques. Cette absence de logique et d'uniformité fait le désespoir des étrangers, elle est aussi une des causes de la lenteur avec laquelle les enfants apprennent l'orthographe, par l'exercice machinal de la dictée, tel surtout qu'on le pratiquait autrefois.

« La dictée sténographique ne présente aucun de ces inconvénients. »

....

QUELQUES MOTS SUR LA MÉTAGRAPHIE
ou Sténographie avec Abréviations

« On ne doit jamais perdre de vue (dit Condorcet dans son rapport sur « la sténographie à l'Académie des Sciences), qu'on aura plus tôt assem- « blé *cinq* ou *six* caractères dont l'habitude dispense de toute réflexion, « qu'on n'aurait tracé le caractère *unique* destiné à remplacer cet assem- « blage s'il exigeait le *plus léger effort de mémoire* ou *d'inteligence*. »

« Il est (dit l'*Eclair sténographique*, Oct. 1901) une constatation qu'ont « pu faire tous les débutants, c'est que la main demande souvent plus « de temps pour tracer un monogramme fortement abrégé que pour écrire « en entier tous les éléments constitutifs de ce même monogramme. Pour- « quoi cela ? Parce que la main se trouve en quelque sorte paralysée par « l'effort mental nécessaire pour l'application des règles abréviatives aux- « quelles il faut se référer. »

« Il est un fait bien certain (dit l'*Etoile Sténographique de France*, « Mars 1901) c'est que plus il faut employer de règles pour diminuer la « longueur des mots ou des tracés, plus l'effort mental à accomplir est « grand, et aussi plus il faut de temps pour reproduire le monogramme « abrégé ; et l'on arrive parfaitement bien à ce résultat paradoxal qu'il « faut plus de temps pour écrire un mot ou une phrase abrégée d'une « manière compliquée que pour écrire ce mot ou cette phrase sans aucune « abréviation. »

Et M. J.-B Estoup formule cette même vérité d'une façon très courte en disant dans le *Journal des Duployens Belges* (Janv. 1903) : « Le facteur « le plus essentiel de la rapidité, dans l'écriture, est l'effort mental. »

Dans *Le Sténographe*, n° de janvier 1892, j'avais publié les lignes suivantes :

« J'avoue que notre *Traité des Abréviations que comporte la Sténographie* « demande, pour être bien compris et appliqué, une certaine dose d'intel- « ligence et de persévérance. Est-ce à cause de cela qu'il semble ne pas « être du goût de plusieurs qui s'évertuent à imaginer, en dehors des « règles qui y sont formulées, de longues kyrielles d'abréviations ? Mais « le premier potache venu peut dresser des listes interminables d'abrévia- « tions ; et plus ledit potache sera naïf, et plus ses listes s'allongeront, et « plus les signes qu'il adoptera seront stupéfiants de simplicité : une ligne, « un point... moins que cela

« C'est justement cet alléchant, mais très grand et très dangereux écueil « que j'ai voulu éviter à tout prix. Notre *Traité* ne renferme que très peu de règles ; mais ces règles bien comprises et pratiquées donnent des « abréviations toujours de plus en plus rapides, mais qui, toujours aussi « restent lisibles, puisque toutes dérivent rigoureusement de principes très « précis et très peu nombreux. »

A la suite de cet article, M. Mayéras m'écrivit : (Voir les nos de Février et Mars 1892, du *Sténographe* ou bien notre volume : *La Sténographie en France*, qui a reproduit ces articles, pages 75, 76 et 77)

« Bravo ! Voilà la vérité !

« J'ai tenu à faire partie du comité d'abréviations parce que c'était mon « devoir comme sténographe pratiquant, mais aussi pour éviter les écueils « que vous signalez et dans lesquels on tombe quand même.

« J'enseigne à mes élèves votre excellent *Traité*, en les mettant en garde « contre les abréviations exagérées et en faisant la grande part de l'intel- « ligence. »

Et, à la réunion générale de l'Institut Sténographique, M. Mayéras disait :

« J'avoue que moi, qui pratique avec quelque succès le *Traité d'Abréviations* de M. Duployé, je n'ai jamais vu l'utilité de quelque chose de « nouveau en la matière. Tout ce qu'on publiera à ce sujet n'en sera que « la paraphrase. »

Le concours de Décembre 1892 pour place de Sténographe à la Chambre des Députés fut des plus remarquables. A la suite de la dernière épreuve (dictée de 10 minutes à 170 mots par minutes), M. Athanase *Maire*, l'un des concurrents et qui était alors directeur du *Journal des Sténographes*, m'écrivit :

« Le premier du concours est M. G. Buisson qui pratique la Méthode « Duployé *sans aucune abréviation*, comme nous avons tous pu le cons- « tater. »

Et dans son journal (n° du 1er novembre 1894), M. Depoin écrivait : « C'est sans employer aucune espèce d'abréviations que nous avons, au- « trefois, subi avec succès les épreuves d'admission aux concours parle- « mentaires à la suite desquels nous entrâmes à la Chambre des Députés. »

On sait que M. Edouard *Seigneur* a, dans d'innombrables concours, remporté les premiers prix en sténographiant 180 mots par minute à l'aide de la Sténographie Duployé *intégrale*. C'est avec cette sténographie *intégrale*, qu'à la suite du concours du 18 janvier 1905, il est entré comme sténographe officiel à la Chambre des Députés.

« *J'ai apporté le plus grand soin*, a écrit son père et professeur, M. Adalbert SEIGNEUR *a laisser ignorer à mon fils les abréviations, écueil « fatal où viennent sombrer tant de sténographes qui paraissaient en « bon chemin.* »

Et M. Depoin nous dit encore (dans l'*Etoile Sténographique* du 1er Août 1901) : « J'ai un jour réussi avec la méthode intégrale et l'abréviation « logique (1), à recueillir une prise de deux minutes de M. Maurice Rouvier « qui a donné exactement 502 mots au *Journal Officiel*. »

A la correction, l'orateur n'aura-t-il pas quelque peu développé le texte donné par la sténographie ? Quoi qu'il en soit, je l'ai toujours dit, et je me plais à le répéter : il peut être bon, en prévision de cas tout à fait exceptionnels, comme celui qui vient d'être cité, de s'assimiler un système d'abréviations ayant fait ses preuves ; mais lequel ?

Celui qui répondra le mieux à nos facultés, dont nous comprendrons et saisirons le plus facilement l'économie et les règles. S'atteler à l'étude d'un système dont la complication nous répugne, qui admet des règles nombreuses, modifiées même parfois par d'autres règles c'est, plus que probablement perdre son temps et se préparer une complète déception.

« *La réflexion tue la rapidité.* »

---

(1) Voir notre *Traité des Abréviations.*— Dans ce même volume se trouvent aussi les abréviations *Gustave Duployé* dont M J. P. A. Martin a écrit : (Voir le journal *La Plume Sténographique*, n° du 1er Mai 1902).

« Tu n'as aucune idée de la célérité extraordinaire à laquelle on parvient avec les procédés de M. Gustave Duployé. Cela tient du prodige. »

ACADÉMIE STÉNOGRAPHIQUE

AUTORISÉE OFFICIELLEMENT
Le 8 novembre 1897, par Arrêté préfectoral
et le 16 janvier 1899 par Arrêté de M. le Président du Conseil, Ministre de l'Intérieur et des Culte

Les personnes qui désirent obtenir le diplôme de *Membre de l'Académie sténographique* doivent envoyer à M. Duployé, à Sinceny (Aisne), France :

Une page contenant 200 à 250 mots écrits par elles-mêmes, sans l'aide de personne, en sténographie Duployé, soit d'après la *Méthode Française*, soit d'après les *Adaptations* aux différentes langues. (On peut se dispenser de mettre les points et accents.)

Le candidat choisit lui-même le texte de cette page, dans n'importe quel livre ou journal, à l'exception des livres ou journaux sténographiques.

Au verso de cette page, il devra écrire, en écriture ordinaire, la formule suivante :

« *Je soussigné* (nom et prénom (très lisibles), âge, qualité ou profession, adresse complète), *certifie avoir écrit, sans l'aide de personne, la page qui se trouve au verso de cette attestation.* »

Signature du candidat.

Au-dessous de cette affirmation, au moins deux personnes majeures, écriront :

« *Je soussigné* (nom et prénom, âge, qualité ou profession, adresse complète), *certifie que l'affirmation de M............ est conforme à la vérité.* »

Signatures des témoins.

Les candidats dont la sténographie aura été jugée correcte recevront franco à domicile un Diplôme constatant leur mérite et leur conférant le titre de *Membre de l'Académie sténographique*. Leurs noms, à moins de demande contraire, seront publiés dans *La Lumière Sténographique*, organe officiel de l'*Académie sténographique*.

Les demandes doivent être accompagnées de la somme de 1 franc 50 (prix du Diplôme auquel est ajoutée une jolie *Carte de poche d'identité* attestant l'obtention du Diplôme)

Si l'écriture n'était pas jugée correcte, ou si les attestations ne paraissaient pas suffisantes, le candidat en serait prévenu. Il pourrait adresser une nouvelle demande pour laquelle un nouveau versement ne serait pas exigé *(Affranchir suffisamment)*.

A titre de **Prime exceptionnelle**, un abonnement de trois mois à *La Lumière Sténographique* est consenti, pour le prix de 0 fr. 50, à tout nouveau diplômé qui réclame cette faveur.

QUELQUES APPRÉCIATIONS SUR LE DIPLOME DE L'ACADÉMIE STÉNOGRAPHIQUE

« J'ai reçu, ce matin, votre *Diplôme* de l'**Académie sténographique** ; il est superbe. »
DAVID ✻, ✤ I., inspecteur primaire, à *Arras*.

« Votre *Diplôme* est vraiment joli. »
H. HAMEL ✻, ✤ A.,
directeur de la *Revue des Beaux-Arts*, *Paris*.

« Vos *Diplômes* sont tout simplement superbes, ils surpassent l'attente la plus optimiste.
Frère FERDINAND, professeur à l'Institut St-François-Xavier, à *Bruges* (Belgique

« Vos *Diplômes* sont très jolis et constituent le complément désormais indispensable du *Certificat d'études primaires*.
E. CHOQUENET ✤ I.,
directeur de l'École primaire supérieure de *Chauny* (Aisne)

« Votre *Diplôme* est magnifique et fait grand honneur à l'artiste qui en a conçu le dessin. »
Albert DENIS ✤ A., avocat, conseiller d'arrondissement, maire de *Toul*.

Sept jeunes demoiselles du Canada se sont fait photographier avec leurs *Diplômes* Leurs portraits sont reproduits dans l'*Almanach sténographique* de 1897.

« Le *Diplôme* de l'*Académie sténographique* est le plus joli que nous avons jamais vu combiné avec beaucoup d'art et de goût, richement doré, il forme un ornement magnifique pour un bureau ou un salon. »
Vorwarts, Organ des Luxemburger Stenographen-Vereins.

« J'ai l'honneur de vous accuser réception de votre *Diplôme de l'Académie sténographique* et de la *Carte de poche d'identité*. Je possède plus de 40 diplômes d'honneur, de grands prix de médailles d'or, etc., obtenus pour la plupart dans les grandes Expositions internationales et, bien que j'en aie de très beaux, je crois qu'ils ne sauraient rivaliser avec celui de l'*Académie sténographique*. »
Gustave LEGRAND, ingénieur, à *Bonneville*.

CATALOGUE DE LA BIBLIOTHÈQUE STÉNOGRAPHIQUE DUPLOYÉ

Médaille d'or aux Expos. Univ. de Paris 1878, 1889, 1900, St-Louis 1904, Liège 1905, etc.

Chez **Émile DUPLOYÉ**, à **Sinceny** (Aisne)

et chez **Gustave DUPLOYÉ, 36, rue de Rivoli, à Paris**

(Envoi *franco* contre mandat ou timbres-poste).

PRIÈRE DE NE PAS FAIRE DE DEMANDES INFERIEURES A UN FRANC

MÉTHODES

Sténographie-Duployé, écriture plus facile, plus rapide et plus lisible que toute autre, s'appliquant à toutes les langues, s'apprend sans maîtres en deux heures, 24e édition. . . . 3 fr. »

Abrégé de la méthode. . fr. 50

Petite méthode de Sténographie-Duployé pour écoles; 26e édition. . . . . 0 fr. 15

Cours de Sténographie fait par M. Duployé à l'École normale sup., à l'École polytechnique, à l'École spéc. milit. de Saint-Cyr, à l'École sup. de Commerce de Paris, etc.; 8e édit. . 1 fr. 50

Exercices Sténographiques, 3e édition. . . . . . . 1 fr. 50

Lectures et versions pour les débutants, 3 volumes à 0 fr. 25 le volume.

Cytologie et Cytographie-Duployé, 3e édition . . . 0 fr. 15

Fac-simile de Sténographie-Duployé, 1 vol. in-8° . . 1 fr. 50

La sténographie Duployé en *Tableau mural pour écoles* (imprimé en rouge et noir), 1m 05 × 1m 60 . . . . . . 2 fr. »

Petits tableaux muraux 55×75 cent. *pour l'Enseignement de la Sténographie dans les Écoles maternelles*, 2 fr. *la série des* 4.

Ces mêmes tableaux en volume de 64 pages pour les enfants, 0 fr. 25

Graphie de la Sténographie Duployé, 10 exempl. . . 0 fr. 20

La Clé de la Sténographie Duployé, 10 exempl. . . 0 fr. 20

Méthode carte postale, 10 exemplaires. . . . . . . 0 fr. 20

Métagraphie Duployé, ou *Traité des abréviations sténographiques*, 6e édition. . . . 3 fr. »

Petite Métagraphie Duployé pour écoles. . . . 0 fr. 25

Alphabet sténogr. manuel, pour les sourds-muets . . . 0 fr. 10

L'Enseignement par la sténographie, 64 p., 4e édition. 0 fr. 25

ADAPTATION

DE LA STÉNOGRAPHIE DUPLOYÉ AUX 14 LANGUES SUIVANTES:

Allemand, Weiler, 4e édit. 1 50
Anglais, Brandt, 2e édit. . 2 »
Arménien, par Gontard . . 1 50
Bulgare, par Cusiner . . . 1 »
Chinook, par Le Jeune. . . 1 »
Danois, par Brandt 1 50
Espagnol, par Vilamala . . 1 »
Flamand, par Algoet, 2e éd. » 50
Grec, par Hudaverdoglu. . . 1 »
Italien, — . . . » 50
Latin, par Brandt, ... 1 50
Portugais, par Prevot. . . » 60
Roumain, par Stahl 1 50
Turc, par Gontard. . . . . » 50

OUVRAGES

EN STÉNOGRAPHIE DUPLOYÉ

à 4 fr. l'exemplaire

Dictionnaire complet français et sténographique (donnant aussi la vraie prononciation de tous les mots.

Fabiola, 1 vol. de 510 pages.

Fables de La Fontaine, édition de luxe, 2e édition.

Manuel de Cuisine. 2 vol.

à 2 fr. 50 l'exemplaire

Imitation de N.-S. Jésus-Christ, in-32, 2e édition.

Id., reliure pleine, chagrin 1er choix, tranches dorées. . . . 5 fr. »

Vies des Saints pour tous les jours de l'année.

à 2 fr. l'exemplaire

Dictées littéraires (morceaux choisis de littérature).

Fables de La Fontaine 2e édit.

à 1 fr. 50 l'exemplaire

Athalie, par J. Racine.

150 *Diktatstücke*, (Lansk).

Cours gradué de Dictées, par M. Rossignol.

Le Franc-tireur des Vosges, guerre de 1870-71, 2e édit.

Le Jeu des Échecs.

Manuel du Chrétien, 5e édit. rel. pleine, mouton maroquiné, tranche dorée

Nouveau cours de Dictées, en 4 parties, par Leclair, 3e édit.

La Physique vulgarisée.

Recueil de Dictées, par Gallais (données aux examens).

Corrigé de ces *Dictées*. 1 fr. 50

Rose de Tannenbourg.

La Sténographie en France.

300 *Dictées graduées* par Robert, 3e édit.

à 1 fr. l'exemplaire

Album de dessins sténogr.

Cicéron et la stén. à Rome.

Dictées pour les 3e divisions.

Corrigé de ces *Dictées*. 1 fr. »

Dictées des Exercices ortograph., par F. P. B. (3e année).

Dictées littéraires, par Le Petit, 1re partie.

Id. 2e partie.

La prononciation de l'Allemand apprise sans maître.

La prononciation de l'Anglais apprise sans maître.

La prononciation de l'Espagnol apprise sans maître.

La prononciation du Russe apprise sans maître.

à 60 cent. l'exemplaire

Album de cartes postales sténogr. illustrées.

Alice, par M. E. de Margerie.

L'Art poétique de Boileau.

A Christmas Carol, Dickens.

Dictées choisies (Dufresne).

Corrigé de ces ***Dictées choisies***

F. P. B.-90. *Dictées*, C. Sup.

Le Fablier de la Jeunesse, illustré, 5e édition.

Leclair, 96 grandes dictées, 2e éd.

La Géologie vulgarisée.

La Jeune Sibérienne, 3e édit.

Paul Choppart, 2e édition.

Manuel du Chrétien, broché.

Rossignol, 240 dictées élément.

Vie de Joseph Boquillon par lui-même, avec illustrations.

à 25 cent. l'exemplaire.

Abécédaire sténographique.

Almanachs Sténographiques des années suivantes:

1878 — 1879 — 1880 — 1881
1882 — 1883 — 1884 — 1885
1886 — 1887 — 1888 — 1889
1890 — 1891 — 1892 — 1893
1894 — 1895 — 1896 — 1897
1898 — 1899 — 1900 — 1901
1902 — 1903 — 1904 — 1905
1906 — 1907.

(Contiennent renseignements sur les progrès et la vulgarisation de la sténographie; histoires, anecdotes illustrations, etc).

L'Analyse spectrale, 3e édit.

Aperçu général sur l'histoire.

L'armée française, 2e édit.

L'art poétique, d'Horace, en français.

Aventures d'hommes célèbres.

L'Avocat Patelin, par Brueys.

Bons mots, Joyeusetés, etc.

Calembredaines sténograph.

Causeries scientifiques, 3e édit.

Chansons et Chansonnettes.

Charades, énigmes, problèmes.

La Chasse au Tigre, à l'Ours.

Choix de Fables de La Fontaine illustrées, 4e édit.

Choix de fables de Florian, 2e éd.

Connaissances utiles.

Contes de Fées.

Découpage, modèle sténogr.

La Découverte de l'Amérique.

Défi sténographique, 3e édit.

Dictées pour Cours élémentaire.

Corrigé de ces *Dictées*. 0 fr. 25

Dictées pour Cours moyen.

Corrigé de ces *Dictées*. 0 fr. 25

Dictées pour Cours supérieur.

Corrigé de ces *Dictées*. 0 fr. 25

Descriptions et récits.

L'Enfance de 2 académiciens.

Épisodes historiques.

Escapades de jeunesse d'hommes illustres.

Étude sur les abréviations.

Évangile selon S. Mathieu.

Fables de La Fontaine. Un des 12 livres au choix.

Fabliaux de vieux auteurs.

Le Fablier des écoles, 2e édit.

Fantaisies sténographiques.

F. P. B. 32. *Dictées*, C. Sup.

Geen huisken zonder kruisken (en flamand).

Gerbe poétique, 2e édit.

La Grande Ménagerie.

Le Grand Français.

La Guerre d'Orient en images.
Henri d'Eichenfelds, 2ᵉ édit.
Les Idées du Dr Aubergier, 2ᵉ édit.
Jeu chinois, 2ᵉ édition.
La Jeunesse d'écrivains.
Ma Jeunesse par Schmid.
Lesseovelser (Dansk).
La Lampe du Sanctuaire.
Le Lépreux de la cité d'Aoste, 2ᵉ édition.
Das Lied von der Glocke.
Longs récits.
Ma Mère, par Lamartine.
Meli-Melo sténographique.
Méthode d'ornementation sténographique.
Modèles de style épistolaire.
Un mouchard. Le Hussard.
Narrations choisies, 2ᵉ édit.
Le Peintre Zanobi.
Petite Fleur des neiges.
Les Petits Orphelins, 3ᵉ édit.
Pierre ou Le Petit mendiant.
Les Plaideurs, par Racine. 2ᵉ édit.
Pochades sténographiques.
Une poignée d'historiettes, 2ᵉ éd.
Les Prisonniers du Caucase.
Les Quatre Philippiques de Démosthène (en français).
La Question brûlante.
Robert. 83 dictées élément., 4ᵉ édit.
Salmigondis.
Scarron et *Migon de la Balue.*
Scène Vendéenne.
Une Séance de l'Académie des singes, 4ᵉ édition.
Souvenir d'Enfance.
La Sténographie apprise par l'image. (12) dessins.)
Le Système solaire.
Variétés.
Vert-Vert, 5ᵉ édition.
Victor, le jeune apprenti.
Vie de Saint Nicolas, 2ᵉ édition.
Vies de Sainte Catherine et de *Sainte Barbe*, 2ᵉ édition.
Vies des Saints, 12 volumes. L'un des 12 mois au choix.
Vies de Saint Epiphane et de Saint Cassien, sténographes.
Le Vieux garde-chasse, 2ᵉ édit.
Vingt-sept Dictées littéraires.
Le Voile noir, par Dickens.

à 15 c. l'exemplaire.

L A, B, C, D de la dictée sténographique, 3ᵉ édition.
Abréviations sténograp. 10ᵉ édit.
L'Ame, dialogue.
Anatole le jeune pêcheur, 2ᵉ édit.
Antoine Bardon.
Autographie, méthode, 2ᵉ édition.
Bertrand, le vieux Grenadier, 2ᵉ éd.
Bonhomme Misère, 3ᵉ édition.
Le Bossu Napolitain, 2ᵉ édition.
Catéchisme en typo-sténogr.
Chemin de la Croix.
Citologie et citographie, 3ᵉ édit.
La Création et la Providence.
Cryptographie Cryptologie et Mnemotechnie-Duployé, 2ᵉ édit.
Le Culard, Nouvelle Briarde.
Les Débuts d'un Romancier.
Le Dîner, de Boileau, 2ᵉ édition.
L'Eglise, dialogue.
Les Embarras de Paris et *A ma Muse*, de Boileau, 2ᵉ édition.
L'Enfant prodige.
Ernest le jeune impertinent. 2ᵉ éd.
L'Etymologie, par A. Renard.
Exercices sténographiques pour Ecoles, 24ᵉ édition.
L'Existence de Dieu, dialogue.
Le Fablier de l'Enfance, 3ᵉ édit.
Facéties.
Les Fins Dernières, dialogue.
La Hache, par Auerbach.
Histoire de N.-D.-de-Liesse.
L'Homme, de Boileau, 2ᵉ édition.
Ibrahim ou l'Ile déserte.
L'Instruction en Chine.
Jean-Baptiste, enf. de Paris, 2ᵉ éd.
Jean-Louis ou le mendiant, 2ᵉ éd.
La jonction des signes sténogr.
Lecture des Cartes géographiques.
Marguerite, 2ᵉ édition.
Les meilleurs tracés sténogr.
Les mystères, dialogue.
Ombres chinoises et gymnastique.
La Pentecôte, dialogue.
Petit choix de Dictées, 2ᵉ édit.
Corrigé de ce choix.
Les Petits Enfants.
Petits récits.
Prières du matin et du soir.
Répons de la messe en typographie ordinaire et en sténographie.
La Résurrection, dialogue.
La Sagesse et la Noblesse, de Boileau, 2ᵉ édition.
La Sainte Messe, 2ᵉ édition.
La Satire, de Boileau, 2ᵉ édition.
Le Séjour de Paris et *la Rime*, de Boileau, 2ᵉ édition.
Les Sténogr. à pente unique.
Les sténographies sur portées et à traits renforcés.
Syllabaire sténogr., 2ᵉ édition.
Le tir de l'Arc, 2ᵉ édition.
Vêpres et Complies.
La vie publique de N.-S.
Voyage à travers l'Afrique.

BIBLIOTHÈQUE PERLE

JOLIS IN-32 ILLUSTRÉS
SUR BEAU PAPIER DE COULEUR
à 25 cent. l'exemplaire.

Le Fablier-perle, illustré.
Gais propos, illustrés.
Joyeux passe-temps, illustré.
Le Rossignol conte chinois illustré.

BIBLIOTHÈQUE

CARTE POSTALE.
à 15 cent. l'exemplaire.

Aventures de Mélésichton.
La Bohémienne, 2ᵉ édition.
La Chartreuse, par Gresset.
La Fille de la Punition, 3ᵉ édit.
Le Lutrin vivant, 2ᵉ édition.
Les malheurs de Auguste.
Quelques types illustrés.
Mille et une Bêtises, 3ᵉ édition.
Samson le Bourreau, 2ᵉ édition.
Séance de l'Académie des Singes, édition microscopique.
Tobie, par Florian, 2ᵉ édition.
Un verre de bon sang, 3ᵉ édition

DICTÉES DUPLOYENNES

EXERCICE SIMULTANÉ
D'ORTHOGRAPHE, DE STYLE,
D'ÉCRITURE ET DE LECTURE
à 25 cent. l'exemplaire.

Cours élémentaire, 48 p. 2ᵉ édition.
— moyen, —
— supérieur, —

ATLAS CLASSIQUE

AVEC NOMS IMPRIMÉS
EN STÉNOGRAPHIE
à 15 cent. la carte

Carte de France, 5ᵉ édition.
Carte de Paris, ses forts et ses environs, 2ᵉ édition.
Cartes des Départements suivants :
Aisne — Allier — Doubs — Eure-et-Loir — Nord — Oise — Pas-de-Calais — Haute-Saône et Belfort — Sarthe — Seine — Seine-et-Marne — Seine-et-Oise — Seine-Inférieure — Yonne.
Carte de la Turquie occidentale et des provinces danubiennes.
Planisphère céleste.

CARTES POSTALES STÉNO ILLUSTRÉES

La Collection de 40. . . .	1 fr
La même *Collection* richement coloriée.	3 fr.
La douzaine (coloriées) . .	1 »

OBJETS DIVERS

Photographie des principaux sténographes Duployens, 4 groupes de 100 portraits. Chaque groupe.	1 fr.
Photographie du buste de M. Duployé.	1 fr.
Papier à lettres avec alphabet stén. 20 feuilles.	0 30
Enveloppes de lettres avec alphabet sténographique. Les cent enveloppes.	0 50
Id. grand format.	0 80
Insigne sténo. (épingle). .	0 50
Id. sur émail	1 fr.
Jeu du soldat sténographique, par M. Panché, 5ᵉ édition. .	0 15
60 *Bons points sténogr.* . .	0 25
Calendrier sténographique de l'année.	0 10
La Sténographie-Duployé, galop pour piano, net	2 »
Duployé-album.	2 »
Prosodie latine.	0 10

LES CORRIGÉS des COURS DE DICTÉES de ROSSIGNON, LECLAIR, ROBERT, LEPETIT, coûtent chacun 2 fr. - Tous les **Corrigés** de ce catalogue et le DICTIONNAIRE peuvent être utilisés par les personnes ne connaissant pas la sténographie.

Ecrire *toujours* TRÈS LISIBLEMENT son nom et son adresse.

LA LUMIÈRE STÉNOGRAPHIQUE

Journal mensuel en STÉNOGRAPHIE DUPLOYÉ
(37ᵉ ANNÉE)

ABONNEMENTS D'UNE ANNÉE : France : **2** fr. — Autres pays : **2 fr. 50** — Le nᵒ **20** c.

DIRECTEUR : **Émile DUPLOYÉ**, à Sinceny (Aisne)

Paris. — Imp. P. Mouillot, 13, quai Voltaire. — 30650

www.ingramcontent.com/pod-product-compliance
Lightning Source LLC
Chambersburg PA
CBHW050025100426
42739CB00011B/2794